JOACHIM MAYER

GARTEN

FÜR EINSTEIGER: SCHRITT FÜR SCHRITT ZUM GRÜNEN PARADIES

JAHR

Guter

Start ins Gartenjahr

Arbeitskalender

Allgemeine Gartenarbeiten

- Vor Frostnächten Winterschutzabdeckungen (Reisig, Laub) bei empfindlichen Pflanzen kontrollieren, wenn nötig, erneuern oder vorübergehend Vlies oder Jutesäcke auflegen.

- Gartenwerkzeug und -geräte überprüfen, falls nötig, zur Wartung oder Reparatur geben oder Neues anschaffen.

- Zubehör (z. B. Saatschalen, Etiketten, Gartenschnur) ergänzen.

- Bei Bedarf Bodenuntersuchung durchführen lassen.

- Neue Vogelnistkästen anbringen und alte säubern, am besten noch im Februar.

- Bei allen Boden- und Kompostarbeiten nach Schneckeneiern (kleine weiße Knäuel) Ausschau halten und diese vernichten.

- Noch fehlendes Saat- und Pflanzgut besorgen bzw. bestellen.
  ► *siehe Seite 18/19*

- Im März Gehölze, Stauden sowie überwinterte Zweijahrsblumen und Gemüse düngen.

Arbeiten im Blumen- und Staudengarten

- Bei frostfreiem, trockenem Wetter Beete und Rabatten für Neupflanzungen vorbereiten: tief lockern, wenn nicht bereits im Herbst geschehen, Unkrautwurzeln gründlich entfernen, einebnen. ► *siehe Seite 20/21*

- Herbstpflanzungen kontrollieren, wenn nötig, hochgefrorene Stauden andrücken, damit die Wurzeln wieder guten Erdkontakt bekommen.

- Ab Ende Februar/März einjährige Sommerblumen vorziehen.
  ► *siehe Seite 22/23*

- Im März letzte Stauden zurückschneiden, Abgestorbenes entfernen, ältere Stauden teilen. ► *siehe Seite 24/25*

- Stauden und zweijährige Blumen pflanzen. ► *siehe Seite 36/37*

Februar / März

Arbeiten im Gemüse- und Kräutergarten

- Bei frostfreiem, trockenem Wetter die ersten Beete mit Hacke, Kultivator und Rechen saatfertig machen, Unkrautwurzeln entfernen. ➤ *siehe Seite 20/21*

- Wenn im Herbst nicht schon erledigt, tiefgründige Bodenlockerung (umgraben oder mit Grabegabel) nachholen. ➤ *siehe Seite 120/121*

- Ab Ende Februar/März Gemüse und Kräuter vorziehen. ➤ *siehe Seite 22/23*

- Im März Steckzwiebeln, Kohl und Kohlrabi pflanzen, Salate am besten im Gewächshaus oder mit Folienschutz. ➤ *siehe Seite 38/39*

- Erste Freilandsaaten möglich (z. B. Erbsen, Kresse, Möhren, Radieschen, Rettich, Rübstiel). ➤ *siehe Seite 32/33*

- Saaten mit Netzen vor Vögeln schützen.

Arbeiten an Zier- und Obstgehölzen

- Immergrüne Gehölze nach längerer Trockenheit gießen, wenn der Boden nicht gefroren ist.

- An frostfreien Tagen Obstbäume und sommer- sowie herbstblühende Ziergehölze auslichten, wenn nötig, einkürzen bzw. zurückschneiden. ➤ *siehe Seite 42/43 und Seite 138/139*

- Pflanzstellen für Gehölze vorbereiten, Boden tiefgründig lockern, Unkrautwurzeln entfernen, bei Bedarf Kompost untermischen.

- Nach geeigneter Pflanzware umsehen, diese sorgfältig auswählen. ➤ *siehe Seite 18/19*

- Ab März Ziergehölze und Beerensträucher pflanzen, mit Rosen und anderen empfindlichen Arten bei Kälte noch bis April abwarten.

- Gegen Ende März, sobald die stärksten Fröste vorbei sind, Rosen abhäufeln und zurückschneiden (bewährter Termin: wenn die Forsythien blühen). ➤ *siehe Seite 42/43*

Arbeitskalender

Allgemeine Gartenarbeiten

- Dicke Winterschutzpackungen entfernen, aber für frostempfindliche Pflanzen bis Mitte Mai Abdeckmaterial (Reisig, Vlies, Säcke) bereithalten.
- Auf Schnecken und erste Anzeichen von sonstigem Schädlingsbefall achten, Schneckeneier und Schnecken aufsammeln.
- Bereits die ersten Unkräuter regelmäßig und gründlich jäten, zwischen Beetreihen lockern.
- Bei Wärme und Trockenheit wässern.
- Saaten und junge Pflanzen feucht halten, mit Netzen vor Vögeln schützen.
- Rasen erstmals mähen, sofern es nicht noch zu feucht ist.
- Im April Flächen für Rasenneusaaten vorbereiten.
- Im Mai Rasen düngen, wenn nötig, vertikutieren.
- Im Mai optimale Zeit für Rasenneuanlage.
  - *siehe Seite 40/41*

Arbeiten im Blumen- und Staudengarten

- Besonders robuste Sommerblumen wie Ringelblumen und Kornblumen können Sie ab April direkt ins Beet säen.
  - *siehe Seite 32/33*
- Ab April neue Stauden pflanzen, ältere Exemplare teilen.
  - *siehe Seite 24/25*
- Nach Mitte Mai können die meisten Sommerblumen aufs Beet gepflanzt werden, möglichst vorher abhärten; bei vielen ist jetzt auch Direktsaat draußen möglich.
  - *siehe Seite 32/33 und Seite 36/37*
- Verblühte Zweijahrsblumen abräumen.
- Plätze einziehender Zwiebelblumen merken oder markieren, um spätere Beschädigungen zu vermeiden.
- Ab Mitte Mai Knollen von Dahlien, Gladiolen, Begonien und Blumenrohr (*Canna*) pflanzen.

April / Mai

Arbeiten im Gemüse- und Kräutergarten

- Gemüse (Sommer- und Herbstsorten, Fruchtgemüse) rechtzeitig vorziehen oder nach Pflanzen umsehen.
- Robuste Gemüse und Kräuter ab April ins Beet säen.
  → siehe Seite 32/33
- Folgesaaten von Salat, Radieschen, Möhren u. a. durchführen.
- Gemüse und Kräuter pflanzen, die meisten schon ab April.
  → siehe Seite 34/35
- Jungpflanzen von Tomaten, Gurken und anderen Fruchtgemüsen allmählich abhärten, erst nach den Eisheiligen (Mitte Mai) pflanzen oder direkt ins Freie säen.
- Aufgegangene Saaten auf nötigen Endabstand ausdünnen.
  → siehe Seite 76/77
- Saaten mit Netzen vor Vögeln schützen, Kulturschutznetze gegen Insekten auflegen.

Arbeiten an Zier- und Obstgehölzen

- Bei Trockenheit gründlich wässern.
- Immergrüne Laub- und Nadelgehölze pflanzen.
- Frostempfindliche Gehölze wie Rosen, Kiwi und Weinrebe pflanzen.
- Ab Ende April/Mai bei trocken-warmer Witterung für alle Gehölzpflanzungen besser Containerware verwenden.
- Mulchdecken unter Obstbäumen vor dem Blühbeginn entfernen, das verbessert die Wärmeabstrahlung des Bodens und vermindert so die Spätfrostgefahr.

Erste Schritte zum Gartenspaß

Schon an schönen Spätwintertagen juckt es manchen Gartenfreund in den Fingern, spätestens im März ist dann kein Halten mehr. Im ersten richtigen Frühlingsmonat häufen sich dann aber auch die Arbeiten und dringenden Aktionen. Von daher bietet sich der Februar als Einstieg ins Gartenjahr geradezu an. Wenn Sie im Lauf dieses Monats alles in Ruhe vorbereiten, bringt auch der März mehr Spaß als Stress. Und bei mildem Wetter lässt sich draußen das eine oder andere bereits gut erledigen.

Erfahrene Gärtner wissen freilich, dass das neue Gartenjahr eigentlich schon im Herbst beginnt – dem optimalen Zeitpunkt für gründliche Beetvorbereitung und viele Pflanzungen. Doch das meiste davon können Sie auch im Frühjahr noch nachholen. Oder eben im Vorfrühling, womit wir wieder beim Februar als Einstiegsmonat wären.

Achten Sie auf den Wetterverlauf

Monatsangaben für bestimmte Gartenarbeiten können aber immer nur einen groben Anhaltspunkt bieten. Das Wetter und die Natur scheren sich ja nicht unbedingt um Kalenderdaten. Zudem stellt sich z. B. der Frühling im Alpenvorland meist deutlich später ein als etwa im Rheintal. Achten Sie deshalb aufmerksam auf die klimatischen Verhältnisse und Verläufe an Ihrem Wohnort – die sind im Zweifelsfall ausschlaggebender als irgendwelche vorgegebenen Monatstermine.

Die »kritischen Zeiten« für den Gärtner liegen vor allem im Herbst, wenn die ersten Fröste drohen, und im Frühling, wenn die Natur erwacht, aber immer wieder mit Kälteeinbrüchen zu rechnen ist. Leiten Sie im Frühjahr Ihre Gartenarbeiten und Pflanzplanungen rechtzeitig, aber ohne zu überstürzen, in die Wege – dann haben Sie beste Aussichten auf sommerlangen Gartenspaß.

Das Wetter gehört nicht umsonst zu den Top-Themen bei Gartenzaungesprächen: Es entscheidet kräftig mit, wenn es um den Anbauerfolg geht. Doch auch unabhängig davon, sind Pflanzen manchmal eigenwillige Wesen – aller Züchtung und genetischen Vereinheitlichung zum Trotz. Und aus eigener langjähriger Erfahrung weiß ich, dass bei aller guten Fürsorge, Informiertheit und Planung Misserfolge und Ausfälle nie ganz auszuschließen sind. Das bucht man am besten unter Erfahrung ab – um sich dann wieder den Freuden des Gärtnerdaseins zu widmen.

Planung macht das Gärtnern leichter

Planen und Gärtnern – das ist für manchen schon fast ein Widerspruch in sich. Viele wollen einfach loslegen, das Leben und Werkeln im Grünen genießen, nicht zuletzt als Ausgleich zum durchgeplanten Arbeitsalltag. Das ist auch völlig berechtigt, dies alles kann und soll der Garten bieten. Ein wenig Planung kann aber dabei helfen, dass der Gartenspaß ungetrübt bleibt.

Planen in Sachen Garten bedeutet zweierlei: Es betrifft zum einen das Gestalten und die Bepflanzung, zum andern das Einteilen der Arbeiten im Jahreslauf.

Tipps zur Gartenplanung

Das Anlegen und Gestalten eines Gartens hat so viele Aspekte, dass sich damit leicht ganze Bücher füllen lassen. Doch ganz gleich, ob Sie Ihren Garten komplett neu gestalten oder nur einige Teilbereiche verschönern wollen – es ist stets hilfreich, die folgenden Punkte zu beachten:

Blühende Trockenmauern

Manche Pflanzen sind von Natur aus an besondere Standortbedingungen angepasst, etwa an pralle Sonne und karge Böden. Solche Gewächse können helfen, Bereiche zu verschönern, an denen normale Beetpflanzen kaum wachsen. Zugleich ermöglichen sie ungewöhnliche Gestaltungen. Genügsame, recht trockenheitsverträgliche Klein- und Polsterstauden z. B. lassen sich sogar in den Ritzen von Trockenmauern ansiedeln.

Das stabile Aufschichten einer solchen Mauer ist jedoch nicht ganz einfach, weshalb man am besten einen Fachbetrieb oder zumindest Spezialliteratur zu Rate zieht.

● **Wie möchte ich den Garten hauptsächlich nutzen?** Wer z. B. öfter in geselliger Runde im Garten sitzen will oder Platz für die Kinder braucht, muss das bei der Bepflanzung von vornherein berücksichtigen und entsprechende Flächen freihalten.

● **Was kann ich gut bewältigen?** Viel und vor allem regelmäßige Pflege verlangen Gemüsebeete. Recht aufwändig sind außerdem Obstgehölze, Beete mit einjährigen Blumen, Rosenbeete oder Zierrasen nach englischem Vorbild. Die meisten Gehölze und Stauden sowie normaler Strapazierrasen machen dagegen nicht allzu viel Arbeit.

● **Gibt es zu bestimmten Zeiten Blütenlücken?** Viele Gärten glänzen im Frühjahr und Frühsommer durch üppige Blütenpracht, verlieren aber danach deutlich an Reiz. Beziehen Sie deshalb auch genügend Sommer- und Herbstblüher sowie Gehölze mit schöner Herbstfärbung und Fruchtschmuck in die Gestaltung mit ein.

● **Wie dicht soll die Bepflanzung sein?** Stauden und vor allem Gehölze brauchen Jahre, bis sie ihren Platz richtig »ausfüllen«. Dann erweist sich aber häufig, dass sie zu dicht stehen, sich gegenseitig und anderen Pflanzen ins Gehege kommen. Riskieren Sie deshalb lieber die ersten Jahre ein etwas lückiges Bild, das sich mit Sommerblumen schön vorübergehend auffüllen lässt.

Behalten Sie bei allem stets auch die praktische Seite im Auge: Oft genutzte Gartenbereiche sollten gut zugänglich bleiben, bei Bedarf auch mit einer Schubkarre oder für den Transport von Gartenmöbeln. Auch ein leicht erreichbarer Kompostplatz erweist sich im Gartenalltag als »Standortvorteil«, ebenso Wasserzapfstellen in der Nähe von Gemüse- und Blumenbeeten.

Beachten Sie stets die Standortverhältnisse

Ob sich Ihre Pflanzen gut entwickeln, hängt entscheidend von den Standortbedingungen ab. Diese sind im Großen und Ganzen durch die Lage des Gartens und seine Umgebung vorgegeben und lassen sich nur wenig beeinflussen. Jede Pflanze hat ganz bestimmte Ansprüche, was Licht, Wärme und die Beschaffenheit des Bodens anbelangt. Je sorgfältiger Sie Ihre Pflanzen passend zu den vorhandenen Bedingungen auswählen, desto mehr Freude werden Sie an ihnen haben.

Ein entscheidender Standortfaktor, der Boden, steht auf Seite 118/119 gesondert im Blickpunkt. Hier einige Hinweise zu den anderen wichtigen Standortfaktoren:

● **Lichtverhältnisse:** Die meisten Pflanzen, vor allem Gemüse, Obst, Kräuter, Rosen, Prachtstauden und Sommerblumen, mögen es sonnig. Doch viele vertragen auch

Schattige Bereiche gibt es in den meisten Gärten, und heranwachsende Gehölze sorgen dafür, dass sie mit der Zeit zunehmen. Doch dank attraktiver Schattenstauden wie Astilben, Funkien oder Tränendes Herz lassen sie sich sehr schön ausgestalten.

noch Halbschatten (eine etwa halbtägige Beschattung oder aber leichten Schatten über viele Stunden hinweg). Manche sind sogar ausgesprochene Schattenspezialisten. Das Nichtbeachten der Lichtansprüche ist ein häufiger Grund für Misserfolge mit Pflanzen. Achten Sie deshalb immer auf die Angaben auf Samentüten und Pflanzetiketten. Sonne, Halbschatten und Schatten werden meist durch leere, halbvolle und volle Kreise dargestellt.

● **Wärme:** Manche Gartenpflanzen sind recht wärmebedürftig und frostempfindlich (z. B. Sommerflieder, Kiwi). Wählen Sie für solche Pflanzen möglichst einen Platz, der z. B. durch eine Hecke oder eine Mauer geschützt wird.

● **Windeinfluss:** Stark dem Wind ausgesetzte Stellen sind kühl, der Boden trocknet schneller aus, und die Pflanzen werden oftmals ziemlich zerzaust, bis hin zu Astbruch bei Gehölzen. Pflanzen Sie an solchen Plätzen bevorzugt robuste Gewächse.

Nehmen Sie Ihren Garten und seine einzelnen Bereiche vor Neubepflanzungen genau unter die Lupe, beobachten Sie z. B. den Lichteinfall im Tagesverlauf und berücksichtigen Sie das unterschiedliche Kleinklima an verschiede-

nen Plätzen (siehe auch Seite 128/129). Und denken Sie bei allen Gehölzpflanzungen daran, dass hohe Sträucher und Bäume mit den Jahren zusätzlich Schatten werfen.

Vom richtigen Garten-»Timing«

Gärtnern ist Terminsache. Denn die Pflanzenentwicklung folgt unweigerlich ihrem natürlichen Lauf und das Wetter seinem klimatisch bedingten Fortgang. Zu spätes Säen, Pflanzen oder Gießen führt oft dazu, dass sich die Gewächse nicht mehr richtig entwickeln oder gar eingehen. Lange versäumtes Rasenmähen oder Jäten bringt zumindest viel lästige Mehrarbeit mit sich.

Gutes Vorausplanen und »Timing« sparen Ihnen deshalb letztlich unnötige Mühe und verhelfen zu mehr Spaß am eigenen Grün. Doch es braucht schon einige Zeit, bis man entsprechende Erfahrungen gesammelt hat.

Sehr hilfreich ist dabei ein Gartentagebuch inklusive Wetternotizen. Wenn Sie regelmäßig notieren, was Sie wann gesät, gepflanzt, gedüngt, geschnitten oder geerntet haben, verfügen Sie schon nach wenigen Jahren über wertvolle Informationen für Ihre Gartenpraxis.

Vitales Saatgut, wüchsige Jungpflanzen

Das Säen und Setzen macht richtig Freude, wenn die Saat gleichmäßig aufgeht und die Pflanzen zügig anwachsen. Hochwertiges, gesundes Saat- und Pflanzgut bietet dafür die beste Gewähr.

Samen und Jungpflanzen werden zu Saisonzeiten selbst in Super- und Baumärkten angeboten, teils durchaus mit guter Qualität. Achten Sie hier aber besonders darauf, dass die Ware einen gut gepflegten Eindruck macht und z. B. nicht gerade in der prallen Sonne steht.

Im gärtnerischen Fachhandel muss man oft ein wenig mehr hinlegen, doch fachgerecht angezogene und umsorgte »grüne« Ware macht sich meist bezahlt. Außerdem haben Sie hier mehr Auswahl und können mit kompetenter Beratung rechnen.

Einkauf-Termine

- ☛ Saatgut: ganzjährig bzw. je nach Saattermin
- ☛ Sommerblumen: April/Mai, zweijährige Blumen im Spätsommer/Herbst
- ☛ Stauden und mehrjährige Kräuter: Frühjahr und Herbst, Containerpflanzen ganzjährig
- ☛ Gemüsepflanzen: März–Juni (Juli), je nach Art
- ☛ wurzelnackte Gehölze: Frühjahr und Herbst
- ☛ ballierte Gehölze: Frühjahr und Herbst

Gutes Saatgut macht Aussaat und Anzucht leichter

In der Regel lohnt es sich, wenn Sie ein paar Cent mehr für Qualitätssaatgut ausgeben, das hohe Keimfähigkeit garantiert. Dasselbe gilt für so genannte Keimschutzpackungen mit Doppelhülle. Bei F_1-Saatgut handelt es sich um besonders hochwertige Züchtungen.
- Die Verpackung sollte in jedem Fall einwandfrei und unbeschädigt sein.
- Eine gute Beschriftung, die genaue Auskunft über die Anzuchtbedingungen gibt, ist stets ein Plus.
- Achten Sie auf das Abpack- oder Haltbarkeitsdatum, um möglichst frische, optimal keimfähige Samen zu erhalten. Das Abfülldatum muss, zumindest bei Gemüsesamen, wenigstens mit einem Großbuchstaben gekennzeichnet sein, z. B. R für 2004/05. Fragen Sie im Zweifelsfall beim Kauf nach.

Nehmen Sie Jungpflanzen genau unter die Lupe

Ob Sommerblumen, Stauden, Gemüse oder Kräuter, sehen Sie sich die Pflanzen vor dem Kauf genau an, auch die Blattunterseiten. Achten Sie auf harmonischen Wuchs und gesundes Grün, ohne Anzeichen von Krankheits- oder Schädlingsbefall, bei Blumen zudem auf guten Knospenbesatz. Allerdings: Präsentieren sich im Frühjahr angebotene Pflanzen schon außerordentlich üppig, bin ich stets vorsichtig. Denn dann wurden sie häufig im Gewächshaus vorgetrieben und erweisen sich nach dem Auspflanzen als wenig robust. Der Topfballen sollte gut durchwurzelt sein, wenn jedoch die Wurzeln schon aus dem Gefäß herausquellen, ist das kein gutes Zeichen. Zwiebeln und Knollen dürfen nicht eingetrocknet sein und keine Beschädigungen oder Faulstellen zeigen.

Wurzelnackte Gehölze: preiswerte Pflanzware

Bei Zier- und Obstgehölzen, die oft eine Anschaffung fürs ganze Gärtnerleben darstellen, empfiehlt sich das sorgfältige Begutachten der Pflanzen ganz besonders.

So genannte wurzelnackte Pflanzen ohne Erdballen bieten den Vorteil, dass Sie auch das Wurzelwerk genau betrachten können. Es sollte robuste Hauptwurzeln mit praller (nicht eingetrockneter) Rinde und zahlreiche feine Nebenwurzeln aufweisen. Diese recht preiswerte Angebotsform finden Sie am häufigsten bei laubabwerfenden Heckenpflanzen und Rosen, teils auch bei Obstgehölzen. Wurzelnackte Pflanzen werden während ihrer Ruhezeit verpflanzt, also nur im Herbst oder Frühjahr. Sie sollten deshalb auch noch keine kräftigen Austriebe zeigen und möglichst bald in die Erde kommen.

Gehölze mit Ballen: recht sicheres Anwachsen

Auch ballierte Pflanzware bzw. Ballenpflanzen werden nur im Herbst oder Frühjahr gesetzt, sind aber schon etwas toleranter gegen Hitze oder Trockenheit als wurzelnackte Pflanzen. Da die Wurzeln von einem Erdballen umgeben sind, den ein Jutetuch und/oder Netz zusammenhält, wachsen ballierte Pflanzen schneller und sicherer an.

Der Ballen sollte gut durchwurzelt sein, was Sie freilich erst beim Pflanzen richtig nachprüfen können.

Ob wurzelnackt oder balliert: So genannte »leichte«, d. h. in der Baumschule nicht verpflanzte Sträucher sollten wenigstens 2–3 kräftige Basistriebe haben. Besser entwickelt sind Gehölze, die in der Baumschule schon ein- bis mehrmals vepflanzt wurden und entsprechend Wurzeln ausgebildet haben.

Containerware: einfaches Pflanzen rund ums Jahr

Containerpflanzen, von Gehölzen wie von Stauden erhältlich, werden von Anfang an in Töpfen kultiviert. Dadurch haben sie ein besonders gut entwickeltes, kompaktes Wurzelwerk und können – außer bei Frost – das ganze Jahr über gepflanzt werden. Allerdings rate ich davon ab, sie ausgerechnet in Hitzeperioden zu kaufen, da macht die beste Containerpflanze leicht schlapp. Nicht jede im Topf angebotene Pflanze ist echte Containerware, manche werden erst kurz vorm Verkauf eingetopft. Fragen Sie im Zweifelsfall besser nach.

▶ *Expertentipp*

Markenbaumschulen sind immer eine gute Adresse. Ihr Angebot unterliegt genau festgelegten Gütebestimmungen.

So bereiten Sie Beete und Pflanzflächen vor

 Das benötigen Sie

- Schubkarre, Schaufel, Eimer, Kompost
- Grubber, Kultivator oder Sauzahn, Hacke, evtl. Gartenwiesel (Krümler), Rechen
- Pflöcke mit Schnur
- festes Schuhwerk, Handschuhe

 Diese Zeit brauchen Sie

ca. 20–30 Minuten je qm

 Der richtige Zeitpunkt

Februar–März, für späte Pflanzungen auch im Sommer/Frühherbst

Ob Gemüse- und Blumenbeete oder kleinere Pflanzflächen für Stauden und Gehölze – die Bodenvorbereitung ist das A und O:
Im gut gelockerten Boden können sich die Wurzeln optimal entwickeln, Gieß- und Regenwasser sickert dahin, wo es soll, nämlich in Wurzelnähe, und überschüssiges Nass läuft schnell ab. Den Aussaaten verschaffen Sie mit feinkrümeliger Oberfläche ein optimales Keimbeet.
Wenn Sie im Herbst nicht dazu kamen, eine gründliche Bodenlockerung durchzuführen (siehe Seite 120/121), können Sie das auch im Frühjahr nachholen. Tun Sie dies aber möglichst zeitig, sobald der Boden nicht gefroren und nicht mehr zu nass ist. Denn die Erdoberfläche setzt sich nach dem Lockern noch etwas ab – erst danach sollten Samen und Pflanzen in den Boden kommen.
Achten Sie bei allen Maßnahmen darauf, die gelockerte und gekrümelte Fläche möglichst nicht mehr zu betreten. Ich arbeite deshalb vorwiegend »im Rückwärtsgang« und lege ein Brett unter, falls ich doch noch einmal einen Fuß aufs Beet setzen muss.

Reifer Kompost für einen guten Start

Kompost liefert langsam, aber nachhaltig Nährstoffe und sorgt allgemein für die Verbesserung der Bodeneigenschaften. So kommen die Pflänzchen nach dem Anwachsen gut in Schwung. Verwenden Sie aber – ganz besonders für Saaten sowie für empfindliche Jungpflanzen – nur gut ausgereiften, völlig vererdeten sowie durchgesiebten Kompost, der im letzten Herbst schon »fertig« war. Am besten wird er schon ein paar Wochen vor dem Säen ausgebracht. Verteilen Sie den Kompost zunächst mit Eimer oder Schaufel über die Pflanzfläche, in einer etwa 1 cm hohen Schicht. Arbeiten Sie ihn dann mit Grubber oder Rechen flach ein, nicht untergraben!

Lockern im Frühjahr: Luft rein, Unkräuter raus

Wenn der Boden schon im Herbst tiefgründig gelockert wurde, reicht im Frühjahr ein einfaches Nacharbeiten. Hierzu ziehen Sie einen Grubber, Kultivator oder Sauzahn über die Fläche, um die oberste Bodenschicht nochmals aufzulockern und zu belüften. Bei umgegrabenen Böden werden zuvor die Reste der Schollen mit der Hacke zerkleinert.
Lesen Sie dabei Unkrautwurzeln sorgfältig aus – die Mühe lohnt sich auf jeden Fall. Am günstigsten lockert man ein paar Tage vor dem endgültigen Herrichten der Oberfläche, damit sich der Boden nochmals setzen kann.

So erhalten Sie fein gekrümelten Boden

Gartenwiesel, Krümler oder Sternwalze heißt ein praktisches Gerät, mit dem sich größere Schollen und Brocken zerkleinern und zugleich Unkrautreste herausziehen lassen. Die Anschaffung lohnt sich besonders bei tonreichen Böden, die zur Klumpenbildung neigen, ansonsten tut's auch der Rechen.

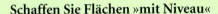 **Expertentipp**

Geben Sie größere Erdbrocken auf den Kompost, dort leisten sie gute Dienste.

Schaffen Sie Flächen »mit Niveau«

Es ist manchmal – je nach Boden – gar nicht so einfach, ein gleichmäßiges Oberflächenniveau hinzubekommen. Dazu ziehe ich den Rechen oft mehrmals quer und längs über die Fläche und harke dabei immer wieder größere Bodenteile ab. Dass die Oberfläche wieder leicht verdichtet wird, schadet nichts – im Gegenteil, das verhilft Samen und Pflanzenwurzeln zu besserem Bodenkontakt.

Expertentipp

Vermeiden Sie Mulden, in denen das Wasser stehen bleibt; sie gefährden Saaten ebenso wie Jungpflanzen.

Trampelpfade und einfache Einfassungen

Sofern die Wege neben und zwischen den Beeten nicht gerade gepflastert sind, werden sie am besten gründlich festgetreten und dann mit Rindenmulch oder Kies abgedeckt. Nehmen Sie eine an Pflöcken gespannte Schnur oder einen ausgelegten Schlauch zur Hilfe, um saubere Beetränder zu erhalten. Für einfache, flexible Beeteinfassungen können Sie kräftige Kunststoffkantenbänder aus dem Fachhandel oder hochkant eingegrabene Platten verwenden. Holzpalisaden sehen freilich schöner aus, legen aber die Beetumrisse bis auf weiteres fest.

Anzucht aus Samen – kein Problem

Kurzlebige Sommerblumen wie Tagetes oder Zinnien lassen sich recht einfach aus Samen anziehen, ebenso die meisten Gemüse und Kräuter. Durch das geschützte Anziehen bzw. Vorziehen erhalten Sie Pflanzen mit Startvorteil: Mit ihnen kommen Sie viel schneller zu Blütenpracht oder Ernten als bei Direktsaat aufs Beet.

Allerdings verlangt das Ganze schon etwas Aufwand sowie geeignete Plätze in der Wohnung – oder vielleicht sogar ein kleines Gewächshaus. Denn neben Wärme brauchen die Saaten unbedingt genügend Helligkeit, um kräftig heranzuwachsen.

Die meisten Sommerblumen und Gemüse keimen bei Temperaturen von 15–20 °C am besten. Höhere Keimtemperaturen (20–25 °C) brauchen z. B. Tomaten, Paprika und Gurken.

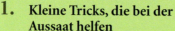

 Das benötigen Sie

- Saatgut
- Anzuchtschale, Abdeckhaube
- Aussaaterde, Pikiererde
- Töpfe (6–10 cm) zum Pikieren

 Diese Zeit brauchen Sie

für die Aussaat: 15–20 Minuten je Anzuchtschale
fürs Pikieren: 20–30 Minuten je Anzuchtschale

 Der richtige Zeitpunkt

Aussaat: einjährige Sommerblumen Februar-April, zweijährige im Juni/Juli; Gemüse: Februar–Juni
Pikieren: 2–6 Wochen nach der Aussaat

1. Kleine Tricks, die bei der Aussaat helfen

Praktische Aussaatgefäße sind flache Schalen mit durchsichtiger Abdeckhaube, in denen man die Samen gleichmäßig und nicht allzu dicht verteilt. Ich nehme am liebsten die Samen zwischen Zeigefinger, Mittelfinger und Daumen und verstreue sie dann durch Aneinanderreiben der Finger. Mit einem gefalteten Karton als Sähilfe geht es auch recht gut. Größere Samen können Sie gezielt mit 1–2 cm Abstand auslegen. Große Samen, z. B. Zucchini oder Sonnenblumen, säen Sie besser zu 2–4 in kleine Plastiktöpfe. Verwenden Sie unbedingt spezielle Anzuchterde, normale Erde kann zu Ausfällen führen. Füllen Sie die Gefäße nicht ganz randvoll, nach dem leichten Andrücken der Erde (mit kleinem Holzbrett) sollte oben ein Gießrand von 1 cm bleiben.

2. Müssen die Samen mit Erde zugedeckt werden?

Manche Arten, z. B. Lobelien, sind ausgesprochene Lichtkeimer (steht in der Regel auf der Samentüte). Sie werden nur mit einem Brettchen leicht angedrückt, damit sie guten Kontakt mit der Erde haben und höchstens hauchfein überstreut. Andere sind Dunkelkeimer oder haben diesbezüglich keine speziellen Ansprüche; hier ist in jedem Fall – ebenfalls nach leichtem Andrücken – ein Abdecken mit Erde günstig, weil es die Samen und Keimlinge vor dem Austrocknen schützt. Für das gleichmäßige Überstreuen eignet sich z. B. ein altes Küchensieb gut. Als Faustregel gilt: mindestens so hoch abdecken, wie die Samen dick sind, aber maximal mit einer Erdschicht in dreifacher Samendicke. Drücken Sie auch die überstreute Erde hinterher leicht an.

3. Sorgen Sie für gleichmäßige Feuchtigkeit

Feuchten Sie gleich nach dem Säen die Erde gründlich an. Ein Wasserzerstäuber mit feinem Sprühnebel ist hierfür optimal, da so weder Samen noch Erde abgeschwemmt werden. Wenn Sie nun eine Abdeckhaube oder eine Glasscheibe bzw. Folie über das Saatgefäß legen, bleibt die Erde gleichmäßig feucht, und Sie müssen nur gelegentlich etwas nachgießen – nicht zu viel, denn zu nasse Saaten laufen Gefahr zu faulen oder zu ersticken. Stellen Sie die Gefäße an einem warmen, hellen, aber nicht direkt besonnten Platz auf.
Wenn die ersten grünen Spitzen erscheinen, stemmen Sie die Abdeckung mit Holzstäbchen hoch oder nehmen Sie stundenweise ab. Wenn die meisten Sämlinge gekeimt haben, wird der Verdunstungsschutz ganz entfernt.

4. Durch Pikieren fördern Sie kräftigen Wuchs

Meist dauert es von der Aussaat bis zur Keimung 1–3 Wochen. Nach weiteren 1–3 Wochen entfaltet sich über den beiden Keimblättern (oft rundlich oder schmal) das erste richtige Laubblattpaar. Nun sollten Sie den Pflänzchen mehr Platz zur Entwicklung schaffen, indem Sie diese einzeln in Töpfe oder mit 4–5 cm Abstand in neue Schalen setzen (Pikieren). Dieses Umpflanzen regt zudem die Bildung neuer Wurzeln an, die Pflänzchen werden kräftiger. Mit einem Pikierholz lassen sich die Wurzeln gut lockern und behutsam heraushebeln und zugleich passende Löcher im neuen Gefäß bohren. Drücken Sie nach dem Einsetzen die Erde rund um die Pflanzen an und gießen Sie gründlich. In der Regel ist nach dem Pikieren ein etwas kühlerer Stand (um 15 °C) günstig.

5. Praktisch: Töpfe zum Mitpflanzen

Eine elegante Lösung bieten Pflanztöpfe aus Materialien, die nach dem Auspflanzen im Boden verrotten. Am verbreitetsten sind die bewährten Jiffy-Pots aus Torf und Zellulose; zuweilen findet man auch umweltfreundliche Töpfe aus Recyclingpappe. Solche Behältnisse eignen sich zum Pikieren ebenso wie für die Einzelsaat größerer Samen – oder für ein weiteres Umpflanzen, falls das nötig wird. Beim Pflanzen draußen können Sie später einfach die ganzen Töpfe einsetzen.

> **Expertentipp**
>
> *Vor allem bei Töpfen aus kräftiger, steifer Pappe empfiehlt es sich, sie vor dem Pflanzen seitlich an mehreren Stellen einzuschneiden.*

Einfache Wege zum Pflanzennachwuchs

 Das benötigen Sie

- scharfes, sauberes Messer, Pflanzschaufel, Spaten
- Vermehrungssubstrat (Stecklingserde), Töpfe mit 8–12 cm Ø
- Abdeckhaube, -folie, Gießkanne, Wasserzerstäuber
- Drahtklammer zum Absenken

 Der richtige Zeitpunkt

Stecklingsschnitt: krautige Stecklinge im Frühjahr/Frühsommer, halbreife im Spätsommer/Herbst

Teilung: im zeitigen Frühjahr oder Herbst bzw. nach der Blüte

Während Sie viele Sommerblumen und Gemüse gut aus Samen anziehen können (Seite 22/23), ist das bei Stauden und Gehölzen oft langwieriger oder teils auch gar nicht möglich. Dafür gibt es recht einfache andere Verfahren, um zu eigenen Jungpflanzen zu kommen.

Besonders leicht und schnell geht das Vermehren bei Pflanzen, die sich samt Wurzelwerk in eigenständige Teilstücke zertrennen lassen (Teilung).

Ist eine Teilung nicht möglich, z. B. bei Arten mit Pfahlwurzeln, dann vermehrt man bevorzugt über Stecklinge, also beblätterte Triebstücke, die sich in Vermehrungssubstrat bewurzeln. Bei Stauden schneidet man meist krautige Stecklinge im späten Frühjahr oder Frühsommer, bei Gehölzen oft eher halbreife, also halb verholzte Stecklinge im Spätsommer oder Herbst.

Verholzte, einjährige, erst im Spätherbst geschnittene Triebe werden als Steckhölzer bezeichnet. Man schneidet sie etwa 20 cm lang, überwintert sie frostfrei, aber kühl, und pflanzt sie im Frühjahr aus.

1. So schneiden Sie Stecklinge

Wählen Sie für den Stecklingsschnitt stets nicht blühende Triebe von gesunden Mutterpflanzen. Am häufigsten verwendet man so genannte Kopfstecklinge von den Triebspitzen. Diese werden etwa 10–15 cm lang mit einem möglichst sauberen, schräg geführten Schnitt kurz unterhalb eines Blattknotens (Ansatzstelle des Blattstiels) abgeschnitten. Sind die Triebspitzen sehr weich, schneiden Sie die Stecklinge knapp doppelt so lang, entfernen die obersten 10 cm und verwenden dann den verbliebenen Teilsteckling aus der Triebmitte.

Bei manchen Arten, z. B. Rittersporn, Lupine und Phlox, bewurzeln sich Grundstecklinge (junge, direkt an der Basis abgeschnittene Triebe) besser.

2. So wird der Steckling zur Jungpflanze

Topfen Sie die Stecklinge nur in nährstoff- und keimarmes Vermehrungssubstrat. Entfernen Sie das unterste Blatt bzw. Blattpaar und stecken Sie das Triebstück so tief in die Erde, dass der nächste Blattansatz kurz über der Erdoberfläche steht. Drücken Sie dann die Erde rundum etwas an und gießen Sie den Steckling vorsichtig an. Die Erde muss stets leicht feucht bleiben, darf aber nicht zu nass sein. Bis sich die ersten Wurzeln bilden, ist eine beständig hohe Luftfeuchtigkeit wichtig. Am besten stülpen Sie eine Kunststoffhaube über oder spannen mit Hilfe eines Drahtbügels eine Folie über den Topf.

Teilung liefert Nachwuchs und verjüngt

Zum Teilen graben Sie die Stauden vorsichtig aus oder heben sie mit der Grabegabel aus der Erde. Nun müssen Sie nur noch die Pflanze in zwei oder mehr Teilstücke zertrennen, die jeweils mehrere Blätter oder mindestens eine Triebknospe sowie genügend Wurzeln besitzen. Manche Arten lassen sich mit den Händen auseinander ziehen, ansonsten verwende ich ein kräftiges Messer oder auch einen Spaten zum Abtrennen der Teilstücke. Setzen Sie die Teilstücke gleich am gewünschten Platz ein und gießen Sie gründlich an.
Das Teilen ist für viele Stauden auch eine wichtige Verjüngungsmaßnahme.

So teilen Sie Zwiebel- und Knollenblumen

Viele Zwiebel- und Knollenblumen wie Krokusse, Narzissen oder Traubenhyazinthen entwickeln sich mit der Zeit zu kleinen Kolonien. Durch die Bildung von Nebenzwiebeln oder -knollen entstehen unter der Erde größere Klumpen. Diese können Sie einfach ausgraben, vorsichtig in Teilstücke auseinander brechen und neu einpflanzen, also ganz ähnlich wie beim Teilen von Stauden.

 *Expertentipp*

Warten Sie mit dem Ausgraben und Teilen der Klumpen, bis das Laub der Zwiebel- und Knollenblumen fast verwelkt ist.

Absenker: einfache Gehölzvermehrung

Manche Obst- und Ziersträucher (z. B. Brombeere, Johannisbeere, Rhododendron) lassen sich gut durch Absenker vermehren. Dazu biegen Sie im zeitigen Frühjahr einen ein- bis zweijährigen Trieb bis zum Boden herunter, fixieren ihn mit einem Drahthaken in einer Mulde (10–20 cm tief) und bedecken ihn dann mit Erde. Die Triebspitze binden Sie am besten an einem Stab auf. Halten Sie dann die Erde stets etwas feucht. Wenn alles gut geht, hat sich das abgesenkte Triebstück bis zum Herbst bewurzelt, wird abgetrennt und verpflanzt.

Das brauchen Sie für Boden- und Erdarbeiten

Spaten: zum Umgraben und Ausheben von Pflanzgruben, auch zum Abtrennen kräftiger Wurzeln; **Grabegabel:** für schonende Bodenbearbeitung, zum Ernten von Wurzelgemüse; **Schaufel:** zum Verteilen und Umsetzen von Erde, Kompost und Sand

Tipps aus der Praxis:

Wählen Sie Spaten und Grabegabel mit T-Griff und stabilem, genügend langem Stiel. Beide sind auch hilfreich beim Teilen größerer Stauden und beim Abstechen von Beeträndern.

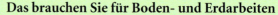

Geräte, die beim Lockern und Jäten gute Dienste leisten

Hacke: zum Auflockern des Bodens, Zerkleinern von Erdschollen, Entfernen von Unkraut; **Grubber (Kultivator) mit 3 Zinken:** wie Hacke, gut für Arbeiten zwischen Gemüsereihen und Einarbeiten von Kompost; **Rechen:** zum Einebnen der Oberfläche

Tipps aus der Praxis:

Nützlich ist auch der Sauzahn mit einem großen, gebogenen Zinken für tiefe Lockerung. Sehr praktisch sind Systemgeräte mit nur ein oder zwei Stielen und auswechselbaren, aufsteckbaren Werkzeugen.

Schnittwerkzeug für alle Fälle

Gartenschere: für nahezu alle Schnittarbeiten; **Astschere mit langen Bügeln:** für kräftige Zweige und dünnere Äste; **Baumsäge mit verstellbarem Sägeblattwinkel:** für dicke Zweige und Äste; **Heckenschere:** für größere Hecken als Elektro-Heckenschere; **Gartenmesser:** für kleine Schnittarbeiten, zum Glätten von Wundrändern, zum Ernten

Tipps aus der Praxis:

Achten Sie hier – wie auch bei Bodenbearbeitungsgeräten – besonders auf gute Qualität, bei Heckenscheren auf sicherheitsgeprüfte Geräte.

Kleingeräte, die Ihnen vieles erleichtern

Pflanzschaufel, Pflanzholz, Pikierhölzchen, Blumenzwiebelpflanzer, an zwei Pflöcken befestigte Pflanzschnur, Handgrubber und Handhacke mit kurzem Stiel, Unkrautstecher

Tipps aus der Praxis:

All diese Kleingeräte erweisen sich schnell als nützlich, vor allem Handgrubber und Handhacke zum Lockern und Jäten zwischen eng stehenden Gemüsen, Blumen und Kleinsträuchern. Mit den anderen Utensilien geht das Pflanzen flott von der Hand.

Die wichtigsten Gartengeräte

Damit versorgen Sie Ihre Pflanzen gut mit Wasser

Gießkannen in verschiedenen Größen; Schläuche mit unterschiedlichen Aufsätzen; Schlauchwagen; Regner für den Rasen

Tipps aus der Praxis:

Achten Sie bei Schläuchen auf Qualität (druckfest, knickstabil). Hilfsmittel wie Schlauchwagen machen den Umgang mit langen Schläuchen einfacher. Stecksysteme mit aufeinander abgestimmten Aufsätzen und Kupplungen sind gut zu handhaben. Bei Regnern sollte die Reichweite leicht einstellbar sein.

Geräte, die Ihren Rasen in Schuss halten

Rasenmäher mit Grasfangkorb; Fächerbesen: zum Abrechen von Grasschnitt und Laub; Kantenschneider oder Rasentrimmer: zum Nachschneiden der schlecht mähbaren Ecken und Rasenkanten

Tipps aus der Praxis:

Für kleinere Flächen Elektromäher (leiser, leichter), für größere Motorrasenmäher (kein Kabelsalat, leistungsstärker). Vertikutierer zum Entfernen von Filz und Moos kann man sich oft im Fachhandel ausleihen.

Rückenschonende Transporthilfen, sichere Leitern

Schubkarre; Sackkarre; stabile, für den Außenbereich geeignete Steh- und Anlegeleiter mit sicherem Stand, wenn Kletterpflanzen und größere Bäume im Garten vorhanden sind

Tipps aus der Praxis:

Achten Sie bei Schubkarren auf genügend lange Holme. Für eine Sackkarre finden sich bald viele Verwendungszwecke, bis hin zum Transport großer Topfpflanzen. Transporthilfen wie Leitern sollten stabil, aber relativ leicht sein.

Was sonst noch wichtig und nützlich ist

Spritzgerät (Gartenspritze); Kompostdurchwurfsieb; Körbe, Eimer; Gartenschnur, Bindedraht; Stecketiketten; Gartenhandschuhe

Tipps aus der Praxis:

Beim Spritzgerät, das auch für biologische Pflanzenschutzmittel gebraucht wird, auf Qualität und Betriebssicherheit achten; eine 5-Liter-Rückenspritze ist in vielen Fällen sinnvoll. Eimer und Körbe in den verschiedensten Größen kann man nie genug haben.

Richtig säen, pflanzen, schneiden

Ab März geht's im Garten richtig los: Bei halbwegs annehmbarem Wetter beginnt die große Sä- und Pflanzsaison, die bis zum Mai unvermindert anhält. Doch lassen Sie sich von besonders eifrigen Zeitgenossen nicht verrückt machen. Wo der Boden noch regelrecht matschig ist, lassen sich Saatbeete schlecht bestellen. Und so lange die Temperaturen nachts noch häufig unter den Nullpunkt fallen und auch tagsüber nur bescheiden klettern, bleiben frühe Saaten und Pflanzungen stets ein Risiko.

Mit Folie oder Vlies oder gar mit Frühbeet und Gewächshaus können Sie den Unbilden der Witterung ein Schnippchen schlagen. Mit diesen Hilfsmitteln lässt sich die Wartezeit auf die ersten knackigen Radieschen oder zarten Salate wunderbar verkürzen.

Doch denken Sie bei allem, das später ins Freie gepflanzt werden soll, daran, dass sich ein zu früher Termin später rächen kann: Wenn etwa die Tomatenjungpflanzen im Anzuchttopf schon »gakelig« werden, sich dann aber beim vorzeitigen Auspflanzen wegen nasskalten Wetters nur kümmerlich entwickeln, ist der erhoffte Zeitvorsprung dahin. Und für außerordentlich warme Tage im März oder April gilt nicht selten das alte Sprichwort: »Eine Schwalbe macht noch keinen Sommer.«

Verführerische Sonnenstrahlen

Tatsächlich sind es nicht selten außergewöhnlich warme Frühjahrstage, die der Vegetation Probleme bereiten. Die Pflanzen entwickeln sich zu rasch, entfalten früh zarte Knospen, Neutriebe oder Blüten und nehmen dann bei Kälterückfällen empfindlich Schaden. Doch auch aus anderem Grund rate ich dazu, sich in sonnigen Perioden nicht zu sehr vom »Pflanzfieber« anstecken zu lassen: Optimales Pflanzwetter ist eher bei bedecktem Himmel; denn die pralle Frühlingssonne erhöht die Verdunstung über die Blätter und kann den noch nicht eingewurzelten Jungpflanzen stark zu schaffen machen.

So wird denn das Gärtnern immer wieder auch zu einer Lektion in Geduld – was als Gegenpol zum schnelllebigen Alltag ja auch zum Reizvollen am grünen Hobby gehört. Doch manchmal muss man sich auch erst an die Zeitläufe der Natur gewöhnen – etwa daran, dass viele Stauden erst nach einigen Jahren ihre volle Blütenpracht entfalten oder Obstbäume einige Wachstumsperioden brauchen, bis sie die ersten Früchte hervorbringen.

Gärtnern mit Frühbeet und Gewächshaus

Schon während der ersten aktiven Gartensaison erwacht bei manchem Gartenbesitzer der Wunsch nach einem kleinen Gewächshaus. Gerade wenn man Spaß an der eigenen Anzucht findet, wird es auf den Fensterbänken im Haus schnell zu eng. Gemüsefans träumen von üppigen Tomaten-, Paprika- und Gurkenernten oder frischem Salat bis in den Winter hinein. Und Freunde exotischer Zierpflanzen hätten nur zu gern einen Platz, um Orchideen oder Kübelpflanzen während der kalten Jahreszeit optimal unterzubringen.

Was sollten Sie grundsätzlich bedenken?

Ein Gewächshaus braucht Platz – und zwar einen sonnigen, der nicht allzu starken Winden ausgesetzt ist. Achten Sie besonders auf den Lichteinfall von Herbst bis Frühjahr, wenn die Sonne niedriger steht und das Haus am intensivsten genutzt wird.

Frühbeete – vielfältiges Angebot

Das Frühbeet »Marke Eigenbau« hat immer noch seine Reize, zumal es mit etwas handwerklichem Geschick recht leicht und ganz nach den persönlichen Bedürfnissen konstruiert werden kann. Doch es lohnt sich, auch das Angebot an Fertig-Frühbeeten zu prüfen. Meist als einfach zu montierende Bausätze erhältlich, gibt es sie in verschiedenen Größen und Ausführungen. Das reicht vom einfachen Kasten mit Kunststoffrahmen und Acrylglas über ansehnliche Holzmodelle bis hin zur Luxusausstattung mit automatischen Fensteröffnern. Je nach Nutzung sind »Wanderkästen« aus leichten Materialien, die sich ganz nach Bedarf umstellen lassen, sehr praktisch.

Der Flächenbedarf liegt im Minimum bei 4 qm, doch wenn Sie auch Gemüse in Bodenbeeten anbauen möchten, sollten es schon 8–12 qm sein.

Kleingewächshäuser gibt es schon recht preiswert. Doch ganz billig ist eine solche Anschaffung nicht. Und es kommt noch so manches hinzu, was für die sinnvolle Nutzung nötig ist: Stelltische und Regale, automatische Fensteröffner, Schattierungshilfen oder eine Gewächshausheizung. Zudem erweist es sich als äußerst praktisch, wenn man vor dem Gewächshausbau Wasser- und Stromleitungen zum geplanten Standort verlegen lässt. Außerdem sollten Sie sich zumindest bei etwas größeren Gewächshäusern bei der zuständige Baubehörde erkundigen, ob eventuell eine Bauanzeige oder -genehmigung erforderlich ist. Bei der Baubehörde erhalten Sie auch Auskunft, welche Grenzabstände zum Nachbargrundstück Sie einhalten müssen.

Welche Gewächshaustypen eignen sich?

Wenn die Möglichkeit besteht, das Gewächshaus an einer Wärme spendenden Hauswand anzubringen, bietet sich ein Anlehngewächshaus an. Ansonsten kommen frei stehende Gewächshäuser infrage, meist mit rechteckiger Grundform und Satteldach oder auch als tunnelähnliche Folienhäuser. Wie aufwändig solche Konstruktionen sein müssen, gerade auch in Bezug auf die Isolierung, hängt von der vorgesehenen Nutzung ab:

● **ungeheiztes Gewächshaus:** für etwas frühere Aussaat und Ernteverfrühung, Vorziehen robuster Pflanzen und Sommeranbau Wärme liebender Arten, z. B. Paprika;

● **Kalthaus:** mit Heizung über Winter frostfrei gehalten; bietet frühere Anzuchtmöglichkeiten; außerdem Anbau von Früh- und Wintergemüse sowie Überwinterung von Kübelpflanzen;

● **temperiertes Gewächshaus:** Wintertemperaturen tagsüber von 12–18 °C; z. B. für Orchideen oder Bromelien;

● **Warmhaus:** Wintertemperaturen tagsüber von 8–22 °C; für tropische Pflanzen und exotische Gemüse.

Für das frostfreie Kalthaus genügt oft schon eine Propan- oder Umluftheizung, ansonsten reichen die Möglichkeiten von einer elektrischen Gewächshausheizung bis zum Anschluss an die Zentralheizung des Wohnhauses.

Bei den Bedachungsmaterialen können Sie wählen zwischen PE-Folie, Blankglas, genörpeltem Klarglas und Hohlkammer- bzw. Stegdoppelplatten. Dabei steigen Wärmedämmung und Preis in etwa in der genannten Reihenfolge. Folienabdeckungen müssen nach 5–8 Jahren ausgetauscht werden.

Mit einem Gewächshaus lässt sich die Gartensaison fast rund ums Jahr ausdehnen. Ob frühe Anzucht oder spätes Gemüse – die unter den Scheiben eingefangene Wärme macht auch ohne Zusatzheizung vieles möglich.

Auf Fertigfundamenten, in der Regel Aluminium- oder Stahlkonstruktionen, steht das Gewächshaus schon stabil. Ein betoniertes Fundament, das wenigstens bis in in 80 cm Bodentiefe reicht, isoliert jedoch von unten und hält Bodenschädlinge fern. Unter allen Gewächshausausstattungen sind gute Lüftungsmöglichkeiten (optimal: 20 % der Glasfläche) besonders wichtig.

Was ist bei der Nutzung zu beachten?

Wenn Sie Gemüse und Blumen in Bodenbeeten anbauen, müssen Sie bedenken, dass die Erde länger und stärker beansprucht wird als im Freiland. Sorgen Sie deshalb im Gewächshaus unbedingt für regelmäßige Kompostzufuhr sowie organische Düngung. Auch Mulchen ist hier besonders anzuraten, zumal der Boden schon ab Frühjahr deutlich schneller abtrocknet als draußen. Entsprechend müssen Sie vor allem im Sommer wesentlich öfter gießen. Feuchtigkeit und Wärme – diese Kombination begünstigt manche Pilzkrankheiten, vor allem aber auch Spinnmilben und Weiße Fliegen. Gegen diese Schädlinge gibt es im Fachhandel Nützlinge zu kaufen, die sich im Gewächshaus sehr erfolgreich einsetzen lassen. Auch im Winter herrschen, nicht zuletzt wegen des Kondenswassers, im Gewächshaus feuchtere Verhältnisse, so dass man die Pflanzen regelmäßig auf Pilzkrankheiten untersuchen sollte. Deshalb ist regelmäßiges Lüften – bei frostfreiem Wetter – unabdingbar. Auch an sonnigen, warmen Tagen müssen Sie regelmäßig lüften, um übermäßige Erwärmung bzw. Hitzestau zu vermeiden.

Die kleinere Variante: das Frühbeet

Ein Frühbeet ist zwar keine komplette Alternative zum Gewächshaus, es lässt sich aber für die Anzucht und die geschützte Kultur niedrig bleibender Pflanzen nutzen. Doch mit guter Isolierung und bei Bedarf auch Heizmatten oder -kabeln ist in solch einem Kasten schon so manches möglich, selbst der Winteranbau von Salat und Gemüse. Auch Frühbeete sollten Sie unbedingt sonnig sowie möglichst wind- und frostgeschützt platzieren, und zwar so, dass die vordere, niedrigere Seite des Kastens nach Süden oder Südosten zeigt. Da Sie recht häufig lüften und gießen müssen, ist ein Platz in Hausnähe ideal.

So gelingt die Aussaat im Freien

Wenn Sie den Boden sorgfältig vorbereitet, hochwertiges Saatgut gewählt und die angegebenen Aussaattermine beachtet haben, steht dem Aussaaterfolg kaum etwas im Wege. Natürlich spielt auch die richtige Saattechnik eine Rolle und ganz besonders auch das gleichmäßige Feuchthalten der Samen und jungen Sämlinge.

Spätfröste im Frühjahr können gefährlich werden. Säen Sie deshalb nicht zu früh und legen Sie, wenn nötig, Folien oder Vliese auf.

Freilich – das darf nicht verschwiegen werden – drohen auch noch andere Gefahren, nämlich Vögel, Schnecken und Insekten, die sich gern an Samen und zarten Sämlingen gütlich tun. Halten Sie deshalb stets die Augen offen und ergreifen Sie frühzeitig Abwehrmaßnahmen (z. B. Vogelschutznetze, Schneckenzäune).

 Das benötigen Sie

- Saatgut
- Spannschnur mit Pflöcken, Zollstock oder Bandmaß, Rechen, Stock als Rillenzieher
- Gießkanne oder Schlauch mit feiner Brause

 Diese Zeit brauchen Sie

10–20 Minuten je qm

 Der richtige Zeitpunkt

Gemüse und Gründüngung:
März–September, je nach Art und Sortengruppe
Sommerblumen:
Einjährige März–Juni, Zweijährige im Juni/Juli

Reihensaat: So erhalten Sie gerade Reihen

Bei der Reihensaat werden normalerweise in Längsrichtung parallele Saatrillen über das Beet gezogen. Die Abstände der Reihen richten sich nach dem Saatgut (Angabe auf der Samenpackung beachten). Zollstock und eine lange Spannschnur an zwei Pflöcken vereinfachen das Markieren gerader Reihen. Die Rillentiefe hängt von der Größe des Saatguts ab, in der Regel genügen 2–4 cm. Bei Lichtkeimern wie Kopfsalat, Möhren und Ringelblume bringen Sie die Samen in sehr flachen Furchen oder ganz ohne Rillen direkt entlang der gespannten Schnur aus.

 Expertentipp

Es gibt zwar spezielle Reihenzieher, doch ein Stock oder das Stielende des Rechens eignet sich ebenso.

So bringen Sie die Samen richtig aus

Große Samen lassen sich gut im endgültigen Pflanzenabstand ausbringen. Doch legen Sie am besten pro Saatstelle 2–3 Körner aus, damit es bei Ausfall keine Lücken gibt. Die schwächeren Sämlinge entfernen Sie später nach dem Aufgehen.

Feinere Samen streut man mit den Fingern, einem gefalteten Karton als Sähilfe oder direkt aus der Samentüte möglichst gleichmäßig aus. Hier müssen Sie später ausdünnen (siehe auch Seite 76).

Ziehen Sie dann mit der Hand oder dem Rechen von der Seite Erde bei, um die Rillen zu schließen. Auch bei den Lichtkeimern empfiehlt sich eine dünne Erdabdeckung, u. a. als Schutz vor Austrocknung.

Nach dem Abdecken wird gründlich mit feiner Brause gegossen.

Ganz einfach:
Säen mit Saatbändern

Die meisten Direktsaaten ins Freiland stehen nach dem Aufgehen zu eng und müssen mehrmals ausgedünnt werden. Saatbänder, die z. B. mit Pflücksalat, Asiasalaten und anderen Gemüsen angeboten werden, ersparen Ihnen diese Arbeit. Hier sind die Samen schon im nötigen Endabstand zwischen zwei Spezialpapierstreifen befestigt, die mit der Zeit verrotten. Die Bänder werden je nach Beetlänge zugeschnitten und in die Rillen ausgelegt, danach mit Erde bedeckt und schließlich gründlich angegossen.

> **Expertentipp**
>
> *Befeuchten Sie die Rillen schon vor dem Auslegen und drücken Sie die Bänder zum Schluss etwas an.*

Horst- oder Dibbelsaat:
für spezielle Zwecke

Bei der Horst- oder Dibbelsaat legen Sie die Samen in kleinen Häufchen (meist zu 3–6) oder in Kreisen ab, diese Grüppchen jeweils wieder in den nötigen Abständen, wie auf der Samentüte angegeben.

Horst- oder Dibbelsaat ist vor allem üblich bei Stangenbohnen, die man so um ihre Stütze herum gruppiert. Doch auch bei Buschbohnen, Erbsen, Wicken, Kapuzinerkresse und anderen Pflanzen mit großen Samen können Sie diese Art der Aussaat praktizieren. Zum einen gelingt es so den Keimlingen besser, selbst verkrustete Bodenoberflächen gemeinsam zu durchstoßen, zum andern können sich vor allem rankend wachsende Pflanzen dann gegenseitig stützen.

Breitwürfiges Ausstreuen – ein wenig Übungssache

Das breitwürfige Ausstreuen (Breitsaat) bietet sich vor allem für Gründüngung, kleinere Rasenflächen und kleinwüchsige Blattgemüse an. Bei Sommerblumen ergibt sich dadurch ein natürliches Bild. Allerdings müssen später zu eng stehende Pflanzen ausgedünnt werden. Die gleichmäßige Verteilung der Samen – mit etwas Schwung aus dem Handgelenk – erfordert schon ein wenig Übung. Bei feinem Saatgut hilft das Vermischen mit Sand. Nach dem Ausstreuen werden die Samen eingeharkt und gründlich angegossen.

> **Expertentipp**
>
> *Bei Spinat und Feldsalat ziehe ich die Reihensaat vor, da ein zu enger Stand die Mehltauanfälligkeit erhöht.*

So pflanzen Sie Gemüse und Kräuter

Wie beim Säen ist auch beim Pflanzen ein gut vorbereiteter, gründlich gelockerter Boden eine wichtige Voraussetzung für den Anwachserfolg. Vor allem für Arten mit hohem Nährstoffbedarf, z. B. Kohl oder Tomaten, können Sie beim Pflanzen noch etwas ausgereiften Kompost untermischen oder aber nach dem Einsetzen in dünner Schicht rund um die Pflanzen ausstreuen.

Wenn Sie die Setzlinge drinnen angezogen haben, empfiehlt sich ein allmähliches Abhärten, bevor sie ins Freie gepflanzt werden. Stellen Sie dazu die Pflanzen an frostfreien Tagen für einige Stunden nach draußen an einen geschützten Platz, um sie etwas raue Luft »schnuppern« zu lassen. Ratsam ist das für zeitig im März gesetzte Arten ebenso wie später für die wärmebedürftigen Fruchtgemüse wie Tomaten und Gurken, die erst ab Mitte Mai an die Reihe kommen.

Für das Ausheben der Pflanzlöcher – ein klein wenig größer als die Topfballen – ist eine Pflanzschaufel hilfreich. Für Setzlinge ohne Wurzelballen sollten Sie ein Pflanzholz zur Hilfe nehmen, mit dem Sie zunächst das Pflanzloch stechen und dann auch die Erde seitlich an die Wurzeln drücken können.

Ein alter Gärtnertrick:
Platz sparender Dreiecksverband

Sehr viele Gemüse entwickeln sich nur bei Pflanzweiten von mindestens 30–40 cm gut, Tomaten und Kohlarten brauchen sogar 50–70 cm. Üblicherweise pflanzt man in parallelen Reihen, bei hohen Stabtomaten z. B. mit 50 cm Zwischenraum und 70 cm Abstand innerhalb der Reihen. Bei der Verband- oder Verbundpflanzung platziert man dagegen die Pflanzen zweier Nachbarreihen gegeneinander versetzt, so dass sie jeweils »auf Lücke« zwischen denen der nebenstehenden Reihe sitzen. Von oben betrachtet stehen dann je 3 Pflanzen in Form eines Dreiecksverbands zusammen. So können Sie die Pflanzreihen etwas enger aneinander rücken und die Pflanzabstände trotzdem einhalten. Bei Tomaten lässt sich dann auch der empfohlene Abstand auf durchgehend 60 cm »mitteln«. Bei einer Beetbreite von 1,2 m und einer Beetlänge von 1,8 m lassen sich

dann z. B. 11 Pflanzen unterbringen: zwei Reihen mit 4, dazwischen eine mit 3 Pflanzen (bei normaler Reihenpflanzung dagegen nur 9). Der Platzspareffekt ist umso deutlicher, je größer die Beetflächen oder je kleiner die Pflanzweiten sind.

> **Expertentipp**

Tomaten, Lauch oder Kohl können Sie etwas tiefer setzen; andere Pflanzen dagegen nur so tief, wie sie vorher im Anzuchttopf standen.

Setzen Sie Salat nicht zu tief

Für Salat genügt ein recht flaches Pflanzloch, denn hier verhält es sich gerade umgekehrt wie bei den Tomaten: Salat sollte nach dem Einsetzen eher etwas höher stehen als andere Pflanzen. Denn das Herz, der empfindliche Teil in der Mitte, aus dem die neuen Blätter treiben, darf nicht mit Erde abgedeckt werden und sollte möglichst trocken bleiben. Vermeiden Sie deshalb auch beim Gießen ein übermäßiges Vernässen der zarten Blattanlagen. Ich gieße bei frisch gesetzten Pflanzen, auch von anderen Gemüsen und Blumen, stets ohne Brauseaufsatz gezielt in den Wurzelbereich.

Zwiebeln dürfen ihre Spitzen zeigen

Steckzwiebeln können Sie einfach in den gut gelockerten Boden drücken. Achten Sie darauf, dass die dünne Triebspitze stets nach oben zeigt und auch nach dem Stecken oben noch herausschaut. Drücken Sie zum Schluss die Erde um die Zwiebel herum etwas an, so dass sie fest sitzt. Knoblauchzehen dagegen steckt man etwas tiefer, so dass sie etwa 5 cm unter die Erdoberfläche kommen.

▶ *Expertentipp*

Auch Zwiebeln brauchen Feuchtigkeit zum Anwachsen, dürfen aber keinesfalls nass gehalten werden.

So pflanzen Sie Kräuter ein

Während Gemüsejungpflanzen öfter in quadratischen Erdpressballen verkauft werden, mit denen sie in die Erde gesetzt werden, erhält man Kräuter meist in kleinen Töpfen. Lösen Sie die Pflanzen vorsichtig heraus, ohne die Wurzeln zu beschädigen, und feuchten Sie trockene Ballen gleich gründlich an. Stark zusammengepresstes Wurzelwerk kann man vorsichtig etwas auflockern. Die Kräuter werden so tief eingesetzt, wie sie im Topf standen, dann rundherum angedrückt und schließlich angegossen.

Blumen und Stauden richtig pflanzen

Zwei große Pflanzengruppen können Ihrem Garten zu herrlicher Blütenpracht verhelfen: die kurzlebigen Sommerblumen, die nach monatelanger Blütenfülle absterben und jedes Jahr neu gepflanzt werden müssen, und die ausdauernden Blütenstauden, die – einmal gepflanzt – alljährlich immer wieder neu austreiben. Natürlich können Sie Sommerblumen und Stauden überall hinsetzen, wo es Ihnen gefällt, z. B. einzeln oder in kleinen Gruppen zwischen kleine Sträucher oder als Inseln im Rasen. Mit Stauden lassen sich auch schöne, naturnah wirkende Pflanzungen etwa am Rand von Gehölzgruppen schaffen. Die geballte »Flower-Power« versammelt sich jedoch vor allem in Beeten und Rabatten.

 Das benötigen Sie

- ➤ Pflanzschaufel, Zollstock, Handgrubber oder -kultivator
- ➤ kurzes Brett zum Auftreten und Hinknien
- ➤ Gießkanne oder Schlauch

 Diese Zeit brauchen Sie

20–35 Minuten je qm

 Der richtige Zeitpunkt

Sommerblumen:
Einjährige hauptsächlich ab Mitte Mai, Zweijährige im Frühherbst oder Frühjahr
Stauden:
Ende März–Mai oder September–Mitte Oktober; Containerpflanzen auch ganzjährig

Blumenbeete gekonnt bepflanzen

Blumenbeete entfalten ihren ganzen Charme nur, wenn die Bepflanzung locker wirkt. Sie sollten aber auch bei »kreativer« Anordnung darauf achten, dass die Pflanzen genügend Abstand haben, damit sie sich später nicht gegenseitig bedrängen. Verteilen Sie dazu die Pflanzen zunächst noch in Töpfen so auf der Pflanzfläche, wie sie nachher gesetzt werden sollen. Dadurch erhalten Sie schon eine Vorstellung, wie das Beet später wirkt, und können beliebig zurechtrücken, bis Gesamtbild und Pflanzabstände stimmen. Zumindest bei größeren Beeten ist auch eine Planskizze sehr hilfreich.

Unter Beeten im engeren Sinn versteht man breite, meist rechteckige bis quadratische Pflanzflächen, die rundum zugänglich sind. Rabatten dagegen nennt man eher schmale, lang gezogene Flächen, die oft an einer Seite begrenzt sind oder Wege säumen. Vor allem bei Rabatten macht es sich gut, wenn Sie die Pflanzen deutlich nach ihrer Wuchshöhe staffeln: die hohen nach hinten, davor die mittelgroßen, bis hin zu polsterförmigen Arten am vorderen Rand. Pflanzen Sie früh blühende Arten, z. B. auch Zwiebelblumen, jedoch eher nach hinten, dann werden sie nach dem Verblühen von den Sommerblühern verdeckt.

Nach ihrer Wirkung im Beet lassen sich die Blumen und Stauden unterteilen in große, besonders üppig blühende Leitpflanzen, mittelhohe Begleiter und niedrige Füllpflanzen. Setzen Sie die Begleit- und Füllpflanzen bevorzugt in kleinen Gruppen von mindestens 3 Exemplaren, damit sie gut zur Geltung kommen.

1. Pflanzpraxis: Pflanzloch graben und austopfen

Am besten beginnen Sie mit dem Einsetzen der Pflanzen bei Beeten von der Mitte her, bei Rabatten von hinten nach vorn.

Mit einem Brett zum Auftreten und Hinknien können Sie übermäßige Bodenverdichtung vermeiden.

Das Pflanzloch richtet sich in der Größe nach dem Topfballen (mit ein paar Zentimetern Zuschlag in der Tiefe und Breite). Lockern Sie die Sohle des Pflanzlochs mit einem Handgrubber oder -kultivator auf. Befreien Sie dann die Pflanzen behutsam, ohne Ziehen und Zerren, aus ihrem Topf. Sollte der Ballen feststecken, dann lösen Sie die Wurzeln rundum mit einem Messer von der Topfwand.

Feuchten Sie trockene Wurzelballen vor dem Einsetzen an, ebenso das Pflanzloch.

2. So setzen Sie die Pflanzen richtig ein

Wenn die Wurzeln im Topf arg zusammengequetscht waren, sollten Sie sie vor dem Einpflanzen mit der Hand vorsichtig auflockern.

Die Pflanzen kommen dann so tief in die Erde, wie sie vorher im Topf standen. Bedenken Sie, dass sich die Erde beim Andrücken und Angießen noch etwas setzt.

Für den Höhenausgleich und den richtigen Sitz der Pflanzen sorgen Sie durch Einfüllen der Aushuberde, die Sie zuvor am besten mit etwas reifem Kompost vermischen.

▶ *Expertentipp*

> *Gießen Sie bereits ein wenig, wenn das Loch halb aufgefüllt ist, das fördert den Bodenkontakt der Wurzeln.*

3. Gießen Sie nach dem Pflanzen gründlich an

Drücken Sie nach dem Auffüllen der Erde zunächst die Oberfläche rund um die Pflanze etwas an. Kräftiges Angießen – ohne Brauseaufsatz und gezielt in den Wurzelbereich – verschafft der Pflanze nicht nur einen Wasservorrat für die nächsten Tage, die Wurzeln verbinden sich so auch innig mit den feinen Bodenteilchen. Auch in der Folgezeit sollten Sie – je nach Wetterlage – regelmäßig gießen, die Erde dann aber nur noch feucht, nicht mehr nass halten.

▶ *Expertentipp*

> *Wenn die Pflanzen gut angewachsen sind, ist es günstig, die Zwischenräume mit Mulch zu bedecken.*

Folie und Vlies – Schutz für junge Pflanzen

🌱 Geeignete Abdeckungen

- Lochfolie mit 500–1000 Löchern pro qm; UV-stabilisiert
- Schlitzfolie mit ca. 2000 dünnen Schlitzen pro qm, »mitwachsend«; UV-stabilisiert
- Abdeck- bzw. Faservlies, UV-stabilisiert
- Pflanz- bzw. Sonnenhüte aus witterungs- und UV-Licht-stabilem Kunststoff
- Folientunnel, in verschiedenen Größen erhältlich; mit kräftigen Draht- oder Federstahlbögen und UV-stabilisierter Folie
- dunkle, kräftige Mulchfolie oder Mulchvlies, UV-stabilisiert

Wenn kühle Frühjahrstemperaturen die jungen Pflänzchen bedrohen, dann sind Folien und Vliese ein rechter Segen. Im Handumdrehen aufgelegt, schützen sie nicht nur vor Kälte, sondern können auch gezielt zur Ernteverfrühung oder als »Blütenbeschleuniger« eingesetzt werden – und zwar nicht nur im Frühling, sondern auch im Herbst, um z. B. die Ausreife des Ernteguts sicherzustellen. Verwenden Sie für solche Zwecke stets nur Folien, die speziell für den Gartenbau ausgewiesen sind. Darunter gibt es auch Folien ohne Löcher oder Schlitze. Diese gewährleisten zwar den besten Kälteschutz, eignen sich aber nur für vorübergehendes Auflegen, denn die Pflanzen brauchen Luft, und sobald die Frühlingssonne etwas kräftiger scheint, wird es den zarten Sämlingen oder Setzlingen unter Folien schnell zu warm.

Deshalb befestigen Sie die Folienränder am besten auch nur mit Brettern oder Steinen, damit sie sich zum Lüften an warmen Tagen leicht abheben lassen. An einer Seite können Sie den Rand allerdings in den Boden eingraben, um die Folie sicher zu fixieren.

Folie – mit Löchern oder Schlitzen?

Lochfolie eignet sich gut zur Ernteverfrühung und bietet trotz ihrer Löcher Schutz gegen Kälte. Sie müssen Sie allerdings zum Gießen und Lüften abnehmen bzw. zur Seite klappen und nach 3–5 Wochen schließlich ganz entfernen. Damit sie die heranwachsenden Pflanzen nicht behindert, verlegt man sie am besten mit 20–30 cm Dehnungsreserve nach allen Seiten.

Bei der Schlitzfolie, auch »mitwachsende Folie« genannt, dehnen sich die Schlitze mit zunehmendem Pflanzenwachstum, sie kann deshalb bis kurz vor der Ernte auf dem Beet bleiben. Bei noch niedrigen Pflanzen sollten Sie aber auch die Schlitzfolie zum Gießen und Lüften abnehmen.

Vlies: feines Geflecht, das Ihre Pflanzen schützt

Abdeckvliese bestehen aus fein versponnenen Kunststofffasern. Sie sind leicht sowie dehnbar, aber reißfest. Wenn Sie solche Vliese ähnlich wie Lochfolien mit reichlich Dehnungsreserve auslegen, können sie recht lange auf den Pflanzen verbleiben. Sie lassen Luft und Wasser hervorragend passieren und bieten trotzdem eine gute Isolierwirkung, selbst bei Frösten bis etwa – 5 °C. Denn dann gefrieren die Wassertröpfchen im Gewebe und bilden eine isolierende Schicht. Werden die Vliese rundum eingegraben, können sie sogar Schädlinge wie Gemüsefliegen abhalten.

Jungpflanzen – gut behütet

Pflanz- oder Sonnenhüte lassen sich zum Schutz einzelner Pflanzen (etwa Tomaten oder Sommerblumen) einsetzen, aber auch für Samen, die als Horst- oder Dibbelsaat (siehe Seite 33) ausgelegt wurden.

Unten einige Zentimeter eingegraben, halten sie sogar Schnecken ab, sofern die Wandungen glatt genug sind, dass die gefräßigen Tiere nicht hochkriechen können. An sonnigen Frühlingstagen kann es allerdings selbst Wärme liebenden Pflanzen unter ihrem Hut zu heiß werden – nehmen Sie ihn dann besser vorübergehend ab.

Folientunnel: praktisches Mini-Gewächshaus

Folientunnel sind eine feine Sache – schnell aufgebaut und bei Bedarf rasch an eine andere Stelle umgesetzt. Weil hier im Gegensatz zu flach verlegten Folien noch etwas isolierender »Luftraum« hinzukommt, bewahren sie ihre Schützlinge besonders gut vor Kälte.

Die käuflichen Folientunnel sind meist mit ungelochter Folie versehen, was häufiges Lüften nötig macht.

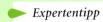 *Expertentipp*

Am besten stecken Sie zuerst die Bügel ein und säen bzw. pflanzen, bevor Sie die Folie darüberspannen.

Dunkle Mulchfolien: pfiffige Wärmespender

Unter schwarzer oder dunkelgrauer Folie kommt zum einen kaum Unkraut hoch, zum andern wärmt die durch die dunkle Farbe reflektierte Strahlung die Pflanzen, die darüber wachsen. Deshalb haben sie sich besonders für den Anbau wärmebedürftiger Gemüse wie z. B. Gurken bewährt. Auch für Erdbeeren eignen sie sich gut, da die Früchte auf der Folie kaum verschmutzen. Zum Bepflanzen versehen Sie die Folien mit Löchern bzw. kreuzförmigen Einschnitten in den nötigen Abständen. Über diese Öffnungen wird dann auch gegossen und gedüngt.

Rasen anlegen: So wird es rundum grün

Bevor Sie einen Rasen anlegen, sollten Sie sich im Klaren darüber sein, wie Sie den Rasen nutzen wollen. Sie können grundsätzlich wählen zwischen Zierrasen (besonders ansprechend, aber pflegeintensiv und etwas empfindlich), Gebrauchsrasen (recht robust) oder Strapazierrasen (auf dem z. B. die Kinder auch öfter mal Fußball spielen können). Die nächste Entscheidung lautet: Aussaat oder Fertigrasen? Fertigrasen kostet einiges mehr, verhilft aber sehr schnell zu sattem Grün und ist bereits nach einigen Wochen voll begehbar. Bei gesätem Rasen dauert das wenigstens 2–3 Monate.

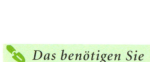 **Das benötigen Sie**

- Saatgut oder Fertigrasen
- Säwagen, Walze oder Trittbretter, Rechen, Spaten, Regner oder Schlauch mit Brausenaufsatz

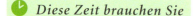 **Diese Zeit brauchen Sie**

für Raseneinsaat:
10–15 Minuten je qm mit Säwagen und Walze; 20–30 Minuten per Hand und mit Trittbrettern
zum Verlegen von Fertigrasen:
10–15 Minuten je qm

Der richtige Zeitpunkt

für Raseneinsaat:
Mitte April–Mitte Juni oder Ende August–September
für Fertigrasen:
optimal im März–Mai; ansonsten fast ganzjährig, außer bei Frost und großer Hitze

1. Fertigrasen: frisches Grün von der Rolle

Fertigrasen erhalten Sie in der Regel als 2–2,5 m lange und 40–45 cm breite, aufgerollte Rasensoden, die etwa 2–3 cm dick sind, zuweilen auch als Platten. Sie werden nach Bestellung zum vereinbarten Termin in der Rasengärtnerei abgeschält und – auf Wunsch – angeliefert. Bis dahin sollten Sie den Boden sorgfältig vorbereitet haben, inklusive Anwalzen der Oberfläche, denn die Rollen müssen möglichst innerhalb von 24 Stunden verlegt werden. Rauen Sie zuvor noch den Boden mit dem Rechen auf und feuchten Sie ihn bei Trockenheit an.
Für das Auslegen der ersten Bahn orientieren Sie sich am besten an einer geraden Kante, z. B. einem akkurat gepflasterten Weg oder einer Richtlatte. Nach dem Ausrollen drücken Sie die Bahn gleich an.

2. So verlegen Sie Rollrasen Bahn für Bahn

Wenn die erste Bahn gut liegt, haben Sie eine hervorragende Ausgangsbasis. Nun machen Sie die erste Reihe fertig, indem Sie das nächste Stück an der Schmalseite im direkten Anschluss aufrollen. Alle Ansatzstellen sollen lückenlos sein, dürfen sich aber auch nicht überlappen. Die Bahnen der nächsten Reihe verlegen Sie dann so, dass sie jeweils in der Mitte bzw. auf halber Höhe der Nachbarbahnen beginnen; denn die Bahnen benachbarter Reihen sollen stets gegeneinander versetzt liegen. Überstehende Stücke stechen Sie möglichst sauber mit dem Spaten ab. Betreten Sie bereits ausgerollte Bahnen so wenig wie möglich und nur mittels aufgelegter Bretter. Zum Schluss wird alles Bahn für Bahn mit einer Walze angedrückt und gründlich bewässert.

1. Rasensaat: Verteilen Sie die Samen möglichst lückenlos

Kleinere Flächen können Sie mit der Hand breitwürfig aussäen (siehe Seite 33), bei größeren Flächen ist ein Säwagen, an dem man die Saatmenge einstellen kann, empfehlenswert (oftmals auch im Fachhandel auszuleihen).

Welche Saatmenge optimal ist, steht normalerweise auf der Samenpackung – im Schnitt sind es meist 25 g Samen pro Quadratmeter. Achten Sie darauf, mit dem Säwagen möglichst gerade, parallel zueinander verlaufende Bahnen zu fahren, die sich nicht überschneiden. Bei sehr unregelmäßig geformten Flächen markiere ich mir zunächst das »Kernrechteck«, also die Innenfläche, die sich problemlos durch Hin- und Herfahren mit dem Wagen einsäen lässt. Verbleibende Ränder säe ich dann mit der Hand ein.

2. So keimt es am besten: Einharken und Andrücken

Arbeiten Sie die Samen nach dem Ausbringen mit dem Rechen oberflächlich ein, so dass sie rund 1 cm mit Erde bedeckt sind. Um Fußstapfen und punktuelle Verdichtungen auf der Fläche zu vermeiden, hilft ein Brett zum Auftreten.

Nach dem Einharken werden die Samen angedrückt. Am einfachsten geht das mit einer Walze, die man sich mancherorts im Fachhandel auch ausleihen kann. Sie können sich aber auch Bretter mit etwas mehr als Fußgröße unter die Schuhe binden und damit einen ersten Spaziergang über Ihre neue Rasenfläche machen – freilich möglichst kleinschrittig, um die Samen gleichmäßig anzudrücken.

3. Halten Sie die Saat stets gleichmäßig feucht

In den Folgewochen kommt es nun auf unbedingt gleichmäßige Feuchtigkeit an. Ein Rasenregner ist hier sehr hilfreich. Andernfalls können Sie auch einen Schlauch mit Brause- oder Sprühaufsatz verwenden. Stellen Sie aber den Strahl nicht zu kräftig ein, damit die Samen nicht abgeschwemmt oder Löcher in den Boden gespült werden.

Wenn das Wetter mitspielt, dauert es knapp 2 Wochen, bis sich die Fläche allmählich mit einem grünen Flaum überzieht. Zeigen sich 2–3 Wochen nach dem Aufgang noch Lücken, säen Sie dort am besten gleich nach.

▸ *Expertentipp*

Bei etwa 8 cm Grashöhe können Sie erstmals mähen – und zwar behutsam, d. h. nur auf 4 cm einkürzen.

Frühjahrsschnitt bei Sträuchern und Rosen

Durch das Schneiden halten Sie Ihre Ziergehölze nicht nur gut in Form. Es ist häufig auch eine wichtige Maßnahme, um die Blühfreude zu bewahren. Denn Gehölze wollen – wie alle Pflanzen – in erster Linie wachsen und sich vermehren und tendieren schließlich oft auch früher zu ihrem natürlichen Altersstadium, als uns lieb ist.

Der Schnitt ist deshalb ein lenkender Eingriff, der jedoch möglichst schonend durchgeführt werden sollte. Das heißt unter anderem auch, dass die verbleibenden Pflanzenteile nicht mehr als unbedingt nötig verletzt werden dürfen, damit sie möglichst schnell durch Bildung eines Wundabschlussgewebes verheilen. Voraussetzung hierfür ist unbedingt sauberes, gut geschärftes Werkzeug, mit dem Sie auch kräftigere Triebe ohne Quetschung oder Splittern der Ränder sauber durchschneiden können. Größere Schnittwunden »verarzten« Sie am besten mit einem handelsüblichen Wundverschlussmittel.

Während man Bäume meist besser ungeschnitten lässt, damit sie ihre natürliche Wuchsform entfalten, sind bei vielen Blütensträuchern und Rosen mehr oder weniger regelmäßige Schnittmaßnahmen ratsam. *(Hinweise zu Schnittmaßnahmen im Sommer finden Sie auf Seite 78/79.)*

Manche mögen's radikal

Einige im Sommer und Herbst blühende Sträucher verlangen eine Maßnahme, die Garten-Einsteiger oft Überwindung kostet: Sie müssen regelmäßig radikal zurückgeschnitten werden, da sie nur an den im Frühjahr neu sprießenden Trieben blühen. Und die treiben nur in reicher Zahl aus, wenn die vorjährigen Zweige stark zurückgenommen werden.

Ein bekannter Vertreter dieser Gruppe ist der Sommerflieder (*Buddleja davidii*, siehe Bild). Bei ihm sollten im Frühjahr alle älteren Zweige auf 5–10 cm kurze Stummel zurückgeschnitten werden. Doch Vorsicht, dies gilt nicht für seinen Verwandten, der ebenfalls Sommerflieder oder Schmetterlingsstrauch heißt, botanisch jedoch als *Buddleja alternifolia* bekannt ist. Ähnlich ist es bei den Hortensien: Die Rispenhortensie (*Hydrangea paniculata*) wird radikal zurückgeschnitten, Bauernhortensien (*H. macrophylla*) dagegen nicht.

Bei den Spiersträuchern (*Spiraea*) empfiehlt sich starker Rückschnitt im Frühjahr (nur alle 2–3 Jahre) für S. *bumalda*, S. *japonica* und S. *decumbens*, nicht für andere Arten. Leichter überschaubar ist das bei anderen Ziersträuchern, die – vorzugsweise etwa Mitte März – wenigstens um die Hälfte eingekürzt werden, wie Besenheide (*Calluna vulgaris*), Bartblume (*Caryopteris*), Straucheibisch (*Hibiscus syriacus*), Lavendel (*Lavandula angustifolia*) und Blauraute (*Perovskia abrotanoides*).

So schneiden Sie Beet- und Edelrosen

Auch Edel- und Beetrosen sowie Zwergrosen brauchen im Frühjahr einen kräftigen Rückschnitt. Dies etwa gegen Ende März, wenn die ärgsten Fröste vorüber sind und die Pflanzen auch von ihrem Winterschutz (siehe auch Seite 133) befreit werden können.

Schneiden Sie zunächst abgestorbene Triebe in Bodennähe heraus, danach die ältesten, schwächsten und zu dicht stehenden, bis schließlich 4–8 kräftige Triebe übrig bleiben. Kürzen Sie diese dann auf etwa 20–30 cm Länge (Zwergrosen auf 10–15 cm). Achten Sie darauf, dass wenigstens 3–5 Augen (Knospen) am Trieb verbleiben.

Frühjahrsblüher: Schnitt nach der Blüte

Erst nach der Blüte sind die Frühjahrsblüher an der Reihe. Sie werden alle paar Jahre ausgelichtet. Schneiden Sie dazu bei Sträuchern, die alljährlich in Bodennähe junge Triebe bilden, z. B. Forsythie (*Forsythia*), Blutjohannisbeere (*Ribes sanguineum*) oder Ranunkelstrauch (*Kerria*), die ältesten Zweige möglichst weit unten heraus.

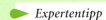

Expertentipp

Sträucher wie Felsenbirne (Amelanchier) oder Zaubernuss (Hamamelis), die unten kaum neue Sprosse treiben, bleiben weitgehend ungeschnitten.

Auf die Schnittführung kommt es an

Wenn Sie Seitenzweige wegschneiden, setzen Sie die Schere oder Säge direkt an der Verzweigungsstelle an. So bleibt dann nur noch ein flacher Astring übrig, der viel besser verheilt als ein infektionsanfälliger Stummel. Beim Einkürzen von Trieben schneiden Sie am besten etwa 0,5–1 cm über einer nach außen weisenden Knospe, und zwar leicht schräg angesetzt, so dass die Schnittfläche über der Knospe etwas höher endet als auf der gegenüberliegenden Seite. Stehen zwei Knospen auf gleicher Höhe, schneidet man gerade.

Pflanzen für Frühjahrssaat und -pflanzung

Im Frühjahr und Frühsommer können Sie beim Pflanzen voll aus dem Repertoire schöner Gartenpflanzen schöpfen und Ihr grünes Zuhause mit nahezu allem bestücken, was das Herz begehrt. Lediglich mit der Pflanzung frühjahrsblühender Zwiebel- und Knollenblumen müssen Sie sich bis zum Herbst gedulden. Ansonsten geht eigentlich alles – wurzelnackte Gehölze ohne Erdballen inklusive, so lange sie noch nicht ausgetrieben haben.

Bei den Bäumen und Sträuchern gibt es so manche, denen die Pflanzung im Frühjahr besser bekommt als im Herbst. Es handelt sich vor allem um Wärme liebende Gehölze, die bei kühlen Spätjahrstemperaturen schlecht einwurzeln. Neben den auf den nächsten Seiten vorgestellten Gehölzen gehören auch Pfirsich und Kiwi sowie manche Kletterpflanzen zu dieser Gruppe. Sie werden trotzdem erst ab Seite 144 beschrieben, damit Sie z. B. alle Obst- oder Klettergehölze auf einen Blick beisammen haben. Ob Gehölze oder Stauden – durch das reichhaltige Angebot an Containerpflanzen geraten die altbewährten Pflanztermine sowieso ins Wanken. Denn im Container, also im Topf, angezogene Gewächse können Sie im Prinzip jederzeit setzen, sofern der Boden nicht gefroren ist. Trotzdem empfehle ich, auch bei den Containerpflanzen nicht allzu sehr von den »alten« Terminen abzuweichen. Auch wenn sie durch ihr rasches Einwurzeln weniger von der Witterung abhängen als andere Pflanzware, so machen ihnen doch hochsommerliche Trockenheit ebenso zu schaffen wie Kälte oder Dauerregen im Spätherbst oder Spätwinter.

Setzen Sie beim Pflanzen Prioritäten

Da das Säen und Pflanzen, vor allem aber auch die sorgfältige Pflege danach, schon etwas Zeit in Anspruch nehmen, sollten Sie Prioritäten setzen. Wenn Sie Gemüse oder kurzlebige Sommerblumen kultivieren möchten, dann haben diese jetzt den Vorrang. Denn ihre Saat bzw. Pflanzung ist eng an bestimmte Zeiträume gebunden. Mit Stauden und Gehölzen dagegen sind Sie, nicht zuletzt dank Containerware, viel flexibler. Wenn Sie weder im Herbst noch im Frühjahr dazu kamen, einen lange begehrten Strauch zu pflanzen, so gibt es selbst im Hochsommer meist eine etwas kühlere, feuchtere Phase, in der sich das mit Containerpflanzen gut nachholen lässt.

Ziergehölze – gut im Frühjahr zu pflanzen

Weißbirke, Hängebirke
Betula pendula

Höhe/Breite: 5–20 m/4–12 m
Blütezeit: April–Mai

Aussehen: sommergrüner, großer Baum, im Alter mit überhängenden Zweigen; Borke weiß mit dunklen Furchen; Blätter frischgrün, goldgelbe Herbstfärbung; gelbgrüne Kätzchen vor dem Laubaustrieb
Standort: nährstoffreicher, kalkarmer, trockener bis frischer Boden
Pflanzen: am besten im späten Frühjahr, mit genügend Abstand zu großen Gehölzen und Baulichkeiten
Pflegen: gelegentlich mit Kompost versorgen; Mulchen ist vorteilhaft
Vermehren: durch Aussaat
Gestalten: schön als gartenprägender Blickfang; für Gärten normaler Größe bevorzugt kleinere Sorten wie 'Youngii' (Trauerbirke) oder 'Fastigiata' (schmalwüchsig) wählen

 Expertentipp

Die flachen Wurzeln der Birken bereiten mit der Zeit oft Probleme, z. B. indem sie Platten abheben.

Sommerflieder
Buddleja davidii

Höhe/Breite: 2–3 m/1,5–3 m
Blütezeit: Juli–Oktober

Aussehen: sommergrüner Strauch, mit der Zeit breit ausladend, Zweige oft überhängend; Blätter lanzettlich, grau- oder stumpfgrün; Blüten in bis 30 cm langen, aufrechten Rispen, rosa, rot, violett oder weiß
Standort: am besten etwas geschützter Platz; auf jedem normalen, vorzugsweise kalkhaltigen Boden
Pflanzen: bevorzugt im zeitigen Frühjahr, bei Herbstpflanzung ist Winterschutz empfehlenswert
Pflegen: Mulchen vorteilhaft, im Sommer wie über Winter; bodennaher Rückschnitt im Februar/März bringt Neuaustrieb mit gutem Blütenansatz; nach Rückschnitt mit Kompost versorgen
Vermehren: durch Stecklinge im Sommer
Gestalten: schön als Solitär, ebenso in Gruppen mit anderen sommerblühenden Sträuchern wie Pfeifen- und Spierstrauch

Perückenstrauch
Cotinus coggygria

Höhe/Breite: 3–5 m/3–5 m
Blütezeit: Juni–Juli

Aussehen: sommergrüner, ausladender Strauch; Blätter eiförmig, intensive gelborange bis rote Herbstfärbung; Blüten unscheinbar; auffällige Fruchtstände mit flaumigen Haaren
Standort: jeder normale, nicht zu feuchte, am besten kalkhaltige Gartenboden
Pflanzen: bevorzugt im Frühjahr, aber auch Herbstpflanzung recht problemlos
Pflegen: ab und an mit Kompost versorgen; Flachwurzler, nicht im Wurzelbereich hacken
Vermehren: durch Steckhölzer oder Absenker
Gestalten: locker und anmutig wirkender Strauch, der sich nur in Einzelstellung richtig entfalten kann

 Expertentipp

Der Perückenstrauch bleibt – bis auf das Entfernen einzelner störender Zweige – am besten ungeschnitten.

 sonnig   halbschattig   schattig   viel gießen

Besenginster
Cytisus-Scoparius-Hybriden

Höhe/Breite: 1–2 m/1–2 m
Blütezeit: Mai–Juni

Aussehen: sommergrüner, breit buschiger Strauch mit kräftig grünen Trieben und vielen besenartigen Seitenzweigen; Blätter lanzettlich, dunkelgrün; Blüten goldgelb, rot, braunrot, rosa, auch mehrfarbig, mit strengem Geruch; schwarze, bis 5 cm lange Fruchthülsen, wie die ganze Pflanze giftig
Standort: warm, am besten etwas geschützt; leichter, durchlässiger, möglichst kalkfreier Boden
Pflanzen: am besten im Frühjahr
Pflegen: nach der Blüte einen Teil der Triebe kurz über dem Boden wegschneiden oder bis zu einer Verzweigung zurückschneiden; in den ersten Jahren Wurzelbereich mit Winterschutz versehen
Vermehren: durch Stecklinge
Gestalten: ansprechend im Einzelstand, z. B. im Heidegarten oder in einem sonnigen Vorgarten; passt aber auch in Gehölzgruppen und Blütenhecken

Tulpenmagnolie
Magnolia x *soulangiana*

Höhe/Breite: 3–6 m/3–6 m
Blütezeit: April–Mai

Aussehen: sommergrüner Strauch oder kleiner Baum, ausladend, mit etwas sparrigem Wuchs; Blätter groß, verkehrt eiförmig; Blüten erinnern an Tulpen, je nach Sorte weiß, rosa oder purpurrot
Standort: etwas geschützt; durchlässiger, humoser, frischer bis feuchter Boden, neutral bis sauer
Pflanzen: bevorzugt im Frühjahr
Pflegen: in den ersten Jahren über Winter Wurzelbereich mit Laub und Reisig schützen; im Frühjahr mit Kompost versorgen; Flachwurzler, nicht im Wurzelbereich hacken, Mulchen empfehlenswert; in Trockenperioden durchdringend gießen; bleibt am besten ungeschnitten
Vermehren: durch Stecklinge oder Absenker möglich, der Nachwuchs entwickelt sich aber oft dürftig
Gestalten: besonders schön als Solitär mit genügend Platz; eignet sich auch als Hausbaum für kleinere Grundstücke

Kirschlorbeer
Prunus laurocerasus

Höhe/Breite: 1–3 m/1,5–5 m
Blütezeit: Mai–Juni

Aussehen: immergrüner Strauch, je nach Sorte buschig aufrecht bis niederliegend; ledrige, glänzende, dunkelgrüne Blätter, länglich oder rundlich; wenn nicht zu streng geschnitten, auffällige weiße Blütenkerzen und ab Juli schwarze Früchte, giftig wie alle Pflanzenteile
Standort: humoser, nährstoffreicher, durchlässiger, frischer Boden
Pflanzen: am besten im Frühjahr
Pflegen: in den ersten Jahren über Winter Wurzelbereich schützen; jährlich Kompost geben; bei sonnigem Stand häufiger gießen; gut schnittverträglich
Gestalten: für frei wachsende und Schnitthecken, in Strauchgruppen oder als ganzjähriges Solitärgehölz

Expertentipp

Niedrige Sorten des Kirschlorbeers können Sie auch in großen Kübeln kultivieren, z. B. auf der Terrasse.

Stauden, die im Frühjahr blühen

Blaukissen
Aubrieta-Hybriden

Höhe: 10–15 cm
Blütezeit: April–Mai

Aussehen: Polsterstaude; kleine, spatelförmige, grau behaarte Blätter; Blüten blau, violett, rosa oder rot, sehr zahlreich in lockeren Trauben
Standort: möglichst warm und sonnig; normaler Gartenboden, gern kalkhaltig, kann auch steinig sein
Pflanzen: bevorzugt im Frühjahr mit 20–30 cm Abstand
Pflegen: im Frühjahr mit Kompost versorgen; nach der Blüte Triebe um etwa ein Drittel einkürzen; gelegentliches Teilen fördert die Blühfreude
Vermehren: durch Teilung nach der Blüte oder über Stecklinge; bei manchen Sorten auch Aussaat möglich
Gestalten: schön in Steingärten oder als Beeteinfassung; wirkt besonders attraktiv, wenn die Polster herabwallen, etwa von Mauerkronen

 *Gute Partner*

- niedrige Bartiris • Gänsekresse
- Schleifenblume • Steinkraut

Felsensteinkraut
Aurinia saxatilis

Höhe: 10–30 cm
Blütezeit: April–Mai

Aussehen: immergrüner Halbstrauch mit polsterartigem Wuchs; Blätter spatelförmig, graugrün; kleine goldgelbe, duftende Blüten in dichten Dolden
Standort: möglichst warm und sonnig; durchlässiger, sandig humoser, eher trockener Boden, auch steinig
Pflanzen: im zeitigen Frühjahr oder Herbst, am besten mit wenigstens 20 cm Abstand, damit sich die Polster gut entfalten können
Pflegen: im Herbst um etwa 1/3 zurückschneiden, bei nachlassender Blühfreude auch etwas stärker
Vermehren: durch Aussaat oder über Grundstecklinge
Gestalten: für Steingärten, Beete, Rabatten und Trockenmauern

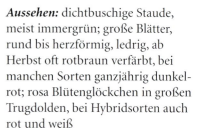 *Expertentipp*

Im Handel finden Sie die Pflanze öfter noch unter ihrem alten Namen Alyssum saxatile.

Bergenie
Bergenia cordifolia

Höhe: 30–50 cm
Blütezeit: März–Mai

Aussehen: dichtbuschige Staude, meist immergrün; große Blätter, rund bis herzförmig, ledrig, ab Herbst oft rotbraun verfärbt, bei manchen Sorten ganzjährig dunkelrot; rosa Blütenglöckchen in großen Trugdolden, bei Hybridsorten auch rot und weiß
Standort: jeder normale Gartenboden, bevorzugt etwas feucht und nährstoffreich
Pflanzen: am besten im späten Frühjahr oder Frühsommer mit 40–50 cm Abstand
Pflegen: im Frühjahr verwelkte Blätter entfernen; ab und an etwas Kompost geben; ist an sonnigen Plätzen für gelegentliches Gießen dankbar
Vermehren: durch Teilung direkt nach der Blüte oder im Herbst
Gestalten: eignet sich für Beete, Rabatten, Steingärten und Trockenmauern und zur Unterpflanzung von Gehölzen oder für Teichufer

---

 sonnig   halbschattig   schattig   viel gießen

Gemswurz
Doronicum orientale

Höhe: 25–50 cm
Blütezeit: April–Mai

   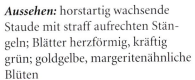

Aussehen: horstartig wachsende Staude mit straff aufrechten Stängeln; Blätter herzförmig, kräftig grün; goldgelbe, margeritenähnliche Blüten
Standort: bevorzugt im Halbschatten; durchlässiger, nährstoffreicher, frischer Boden
Pflanzen: im späten Frühjahr oder Frühsommer mit 30–40 cm Abstand
Pflegen: bei längerer Trockenheit gießen, besonders bei sonnigem Stand; im Frühjahr vor dem Austrieb mit etwas Kompost versorgen
Vermehren: durch Teilung im Frühsommer nach der Blüte; auch Anzucht aus Samen möglich (Frühjahr)
Gestalten: leuchtkräftiger Frühjahrsblüher, der am besten in kleinen oder größeren Gruppen gepflanzt wird; schön am Gehölzrand, etwa zusammen mit roten Tulpen oder Bergenien, aber auch attraktive Beet- und Rabattenstaude

Gartenaurikel
Primula x *pubescens*

Höhe: 10–20 cm
Blütezeit: April–Mai

Aussehen: polsterartig wachsende Staude; Blätter verkehrt eiförmig, runzelig; Blüten in großen Dolden an kurzem Schaft, in nahezu allen Farbtönen, auch zweifarbig
Standort: durchlässiger, nährstoffreicher, frischer Boden
Pflanzen: im Frühjahr oder Herbst mit 15–20 cm Abstand
Pflegen: bei längerer Trockenheit gießen, besonders an sonnigen Plätzen; im Frühjahr etwas organischen Dünger oder Kompost geben; Mulchen sehr empfehlenswert
Vermehren: durch Teilung nach der Blüte
Gestalten: hübsche Frühlingsfarbtupfer für Beete, Rabatten unter lichten Gehölzgruppen, am Gehölzrand oder im Steingarten

Expertentipp

Neben den Gartenaurikeln gibt es zahlreiche weitere attraktive Primeln; erkunden Sie das Sortiment!

Küchenschelle
Pulsatilla vulgaris

Höhe: 20–30 cm
Blütezeit: März–Mai

   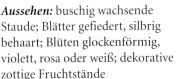

Aussehen: buschig wachsende Staude; Blätter gefiedert, silbrig behaart; Blüten glockenförmig, violett, rosa oder weiß; dekorative zottige Fruchtstände
Standort: möglichst warm; durchlässiger, eher nährstoffarmer, kalkhaltiger Boden
Pflanzen: im Frühjahr oder Herbst mit 10–20 cm Abstand
Pflegen: an nicht zusagendem Standort etwas heikel, ansonsten sehr pflegeleicht; am besten ungestört wachsen lassen
Vermehren: durch Aussaat (Kaltkeimer) oder Teilung im Frühjahr
Gestalten: in kleinen Gruppen pflanzen, z. B. am sonnigen Gehölzrand oder im Steingarten

Gute Partner

- *Adonisröschen* • *Lungenkraut*
- *Primeln* • *Zwiebelblumen*
- *Gräser*

Stauden, die im Sommer blühen

Prachtspiere, Astilbe
Astilbe x *arendsii*

Höhe: 60–120 cm
Blütezeit: Juli–September

Aussehen: dicht horstartige, aufrechte Staude; Blätter groß und dekorativ, mehrfach gefiedert; lange, aufrechte Blütenrispen in Rosa, Rot oder Weiß; Blütezeitschwerpunkt je nach Sorte im Hoch- oder im Spätsommer
Standort: am besten kühl und luftfeucht; lehmig humoser, nährstoffreicher, frischer bis feuchter Boden
Pflanzen: im Frühjahr oder Herbst, je nach Wuchshöhe mit 30–60 cm Abstand
Pflegen: bei Trockenheit kräftig gießen, Mulchen günstig; im Herbst mit Rindenhumus oder Laub abdecken; im Frühjahr abgeblühte Triebe herausschneiden; alle 1–2 Jahre mit Kompost versorgen
Vermehren: durch Teilung im Frühjahr oder Aussaat
Gestalten: für schattige Beete und Rabatten und Gehölzrandpflanzungen; besonders attraktiv in Kombination verschiedener Blütenfarben

Rittersporn
Delphinium-Belladonna-Gruppe

Höhe: 70–100 cm
Blütezeit: Juni–Juli/Aug.–Okt.

Aussehen: aufrecht buschige Staude; Blätter handförmig gelappt; schalenförmige blaue oder weiße Blüten in langen, locker aufgebauten Rispen
Standort: humoser, nährstoffreicher, durchlässiger, frischer Boden
Pflanzen: im Frühjahr oder Herbst, mit 35–50 cm Abstand
Pflegen: bei Trockenheit regelmäßig gießen; hohe Sorten stützen; gleich nach der ersten Blüte im Juli etwa 10 cm über dem Boden zurückschneiden und düngen, um den zweiten Flor im Spätsommer zu fördern; im Herbst erneut zurückschneiden; im Frühjahr düngen oder mit reichlich Kompost versorgen
Vermehren: durch Teilung im Herbst oder zeitigen Frühjahr
Gestalten: dominierende Leitpflanze in Staudenbeeten, schön als Beethintergrund, als Begleiter von Rosen; *Delphinium-Elatum-* und *Delphinium-Pacific*-Hybriden sind noch imposanter (bis 200 cm hoch)

Funkie
Hosta-Arten

Höhe: 30–90 cm, je nach Art
Blütezeit: Juni/Juli–August

Aussehen: breit horstartig wachsende Staude; zierende, meist große, lanzettliche bis rundlich eiförmige Blätter, teils weiß- oder gelbgrün gemustert oder bläulich gefärbt; Blüten weiß, zartblau oder lila, in Trauben an langen Stielen
Standort: humoser, nicht zu trockener Boden
Pflegen: bei anhaltender Trockenheit gießen; im Frühjahr mit Kompost versorgen
Vermehren: durch Teilung vor oder nach der Blüte
Gestalten: attraktiv durch die sehr unterschiedlichen Blattfärbungen; für Unterpflanzung von Gehölzen, Schattenbeete und Teichränder; kleinere Sorten auch für Töpfe

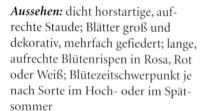 **Expertentipp**

Achten Sie im Frühjahr besonders auf Schnecken, die sich gerade an jungen Funkien gern gütlich tun.

Flammenblume, Phlox
Phlox paniculata

Höhe: 50–120 cm
Blütezeit: Juni–September

Aussehen: buschig aufrechte Staude; Blätter eiförmig bis lanzettlich; tellerförmige Blüten in vielen Rosa- und Rottönen sowie Weiß, in dichten Trauben, duftend
Standort: humoser, nährstoffreicher, frischer bis feuchter Boden
Pflanzen: im Frühjahr oder Herbst, mit 40–60 cm Abstand
Pflegen: gleichmäßig leicht feucht halten, bei Trockenheit kräftig gießen; hohe Sorten an Stäben aufbinden; nach der Blüte handbreit über dem Boden zurückschneiden; im Frühjahr organischen Dünger geben
Vermehren: durch Teilung oder Stecklinge
Gestalten: durch die leuchtenden Blütenfarben ein besonderer Akzent im Staudenbeet

▶ Expertentipp

Pflanzen Sie Phlox nahe am Sitzplatz, dann können Sie den vor allem abends intensiven Duft genießen!

Sonnenhut, Rudbeckie
Rudbeckia fulgida

Höhe: 60–100 cm
Blütezeit: Juli–September

Aussehen: aufrechte, dicht buschige Staude; Blätter schmal eiförmig bis lanzettlich, dunkelgrün; goldgelbe Blütenkörbchen mit auffälliger schwarzbrauner Mitte
Standort: am besten vollsonnig und warm; humoser, nährstoffreicher, frischer Boden
Pflanzen: bevorzugt im Frühjahr, mit 50–60 cm Abstand
Pflegen: bei Trockenheit gründlich gießen; durch lockeres Zusammenbinden oder mit großem Staudenring stützen; bildet recht ansehnliche Fruchtstände, deshalb erst im Frühjahr zurückschneiden, danach düngen oder Kompost geben
Vermehren: durch Teilung im Frühjahr, teils auch Aussaat möglich
Gestalten: reich blühende Leitstaude für Beete und Rabatten, wirkt auch in Einzelstellung, z. B. am Wegrand, sehr attraktiv

Weitere sommerblühende Stauden

Name	Höhe	Blütenfarbe Blütezeit
Für sonnige Plätze:		
Schafgarbe (*Achillea*-Arten)	60–120 cm	gelb, weiß, rosa Juli–September
Mädchenauge (*Coreopsis grandiflora*)	60–80 cm	gelb Juli–September
Feinstrahl (*Erigeron*–Hybriden)	60–80 cm	blau, rosa, weiß Juni–September
Sonnenauge (*Heliopsis helianthoides* var. *scabra*)	120–130 cm	gelb Juli–September
Lavendel (*Lavandula angustifolia*)	30–80 cm	blauviolett, rosa Juni–August
Lupine (*Lupinus-Polyphyllus*-Hybriden)	80–100 cm	viele Farbtöne Mai–Oktober
Ziersalbei (*Salvia nemorosa*)	30–50 cm	violett Mai–Oktober
Für sonnige bis halbschattige Plätze:		
Glockenblume (*Campanula*-Arten)	10–30 cm, 60–120 cm	violett, blau, weiß Juni–August
Storchschnabel (*Geranium* x *magnificum*)	50–60 cm	blau, violett Juni–Juli
Indianernessel (*Monarda*-Hybriden)	100–150 cm	rot, rosa, weiß Juli–September
Für halbschattige bis schattige Plätze:		
Blauer Eisenhut (*Aconitum napellus*)	90–150 cm	blau, violett, weiß Juni–August
Waldgeißbart (*Aruncus dioicus*)	120–180 cm	weiß Juni–Juli
Silberkerze (*Cimicifuga racemosa*)	120–200 cm	weiß Juli–August

 mäßig gießen

 wenig gießen

 pflegeleicht

 giftig

Herbstblühende Stauden

Herbsteisenhut
Aconitum carmichaelii

Höhe: 100–140 cm
Blütezeit: September–Oktober

Aussehen: horstbildende, aufrechte Staude; Blätter handförmig gelappt, tief eingeschnitten; dunkel violettblaue Blüten in lockeren Rispen
Standort: humoser, nährstoffreicher, frischer bis feuchter Boden
Pflanzen: im Frühjahr mit 40–50 cm Abstand
Pflegen: bei längerer Trockenheit gründlich gießen; nach der Blüte handbreit über dem Boden zurückschneiden; im Frühjahr mit reichlich Kompost oder organischem Dünger versorgen
Vermehren: durch Teilung im zeitigen Frühjahr oder durch Aussaat im November (Kaltkeimer)
Gestalten: als Leitstaude auf leicht beschatteten Beeten oder in lockerer, naturnaher Pflanzung

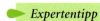 **Expertentipp**

Vorsicht, Eisenhut zählt zu den giftigsten Pflanzen! Tragen Sie beim Arbeiten am besten Handschuhe.

Herbstanemone
Anemone hupehensis

Höhe: 50–100 cm
Blütezeit: August–Oktober

Aussehen: buschige, locker aufgebaute Staude; Blätter dreiteilig, mattgrün; große schalenförmige Blüten, zartrosa bis dunkelrosa
Standort: möglichst etwas geschützt; humoser, frischer bis feuchter Boden
Pflanzen: im Frühjahr mit 30–40 cm Abstand
Pflegen: zurückhaltend gießen, verträgt keine Staunässe; mulchen, nicht hacken; hohe Sorten stützen; in den ersten Jahren im Herbst mit Winterschutz versehen; verbreitet sich über Ausläufer, die man gelegentlich eindämmen muss
Vermehren: durch Wurzelschnittlinge nach der Blüte oder durch Aussaat im November (Kaltkeimer)
Gestalten: schön in kleinen Gruppen unter oder vor Gehölzen

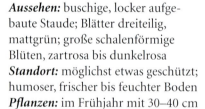 **Gute Partner**

- Eisenhut • Farne • Funkie
- Silberkerze

Herbstaster
Aster novae-angliae, A. novi-belgii

Höhe: 60–150 cm
Blütezeit: September–Oktober

Aussehen: aufrechte Stauden mit locker horstartigem Wuchs; Blätter lanzettlich, bei der Raublattaster (*A. novae-angliae*) dicht behaart, bei der Glattblattaster (*A. novi-belgii*) kaum behaart; große Blüten, je nach Sorte rot, rosa, blau, violett, weiß, einfach bis gefüllt
Standort: humoser, nährstoffreicher, durchlässiger, frischer Boden
Pflanzen: im Frühjahr mit 50–60 cm Abstand
Pflegen: bei längerer Trockenheit gründlich gießen; hohe Sorten stützen; nach der Blüte kräftig zurückschneiden; im Frühjahr organischen Dünger oder Kompost geben; alle 3–4 Jahre teilen und umpflanzen
Vermehren: durch Teilung im zeitigen Frühjahr
Gestalten: wegen des hohen Wuchses und der späten Blüte am besten in den Beethintergrund pflanzen; hübsch auch in kleinen Gruppen als Wegbegleiter oder an Zäunen

 sonnig   halbschattig   schattig   viel gießen

Besenheide
Calluna vulgaris

Höhe: 20–30 cm
Blütezeit: Juni–Dez. (je nach Sorte)

Aussehen: immergrüner, aufrecht bis niederliegend wachsender Zwergstrauch; Blätter klein, schuppenförmig, sattgrün, über Winter oft bräunlich; kleine Glockenblütchen, rosa, weiß, rot oder violett
Standort: humoser, saurer, frischer Boden
Pflanzen: im Frühjahr oder Frühherbst, je nach Wuchsform mit 20–40 cm Abstand
Pflegen: im Frühjahr um 1/3 zurückschneiden; alle paar Jahre mit Kompost versorgen; nur mit kalkarmem Wasser gießen; in rauen Lagen mit leichtem Winterschutz (Fichtenreisig) versehen
Vermehren: durch Stecklinge im Spätsommer
Gestalten: wird, obwohl eigentlich ein Gehölz, wie Stauden verwendet; besonders schön in flächigen Pflanzungen mit verschiedenfarbigen Sorten; beliebter Herbstblüher, auch in Pflanzgefäßen

Herbstchrysantheme
Chrysanthemum x *grandiflorum*

Höhe: 40–100 cm
Blütezeit: August–Oktober

Aussehen: buschige Staude; Blätter fiederartig eingeschnitten; Blüten in allen Farbtönen außer Blau und Violett, einfach bis dicht gefüllt
Standort: bevorzugt sonnig und warm; humoser, nährstoffreicher, durchlässiger, kalkhaltiger Boden
Pflanzen: im Frühjahr, je nach Wuchshöhe mit 30–50 cm Abstand
Pflegen: mäßig gießen, verträgt keine Staunässe; ab Frühjahr bis Sommer mehrmals Kompost oder organischen Dünger geben; hohe Sorten stützen; nach der Blüte bodennah zurückschneiden, mit Laub und Reisig abdecken
Vermehren: durch Teilung im Frühjahr vor dem Austrieb
Gestalten: farbkräftiger Herbstblüher für Beete und Rabatten

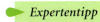 **Expertentipp**

Wenn Sie die Pflanzen bei den ersten leichten Frösten mit Vlies abdecken, blühen sie noch etwas länger.

Sonnenbraut
Helenium-Hybriden

Höhe: 70–150 cm
Blütezeit: Juli–Oktober

Aussehen: dichtbuschige Staude; Blätter schmal eiförmig, dunkelgrün; gelbe, gelbbraune oder rote Korbblüten mit aufgewölbter Mitte
Standort: humoser, nährstoffreicher, durchlässiger, frischer Boden
Pflanzen: im Frühjahr oder Herbst mit 40–70 cm Abstand
Pflegen: bei Trockenheit kräftig gießen; hohe Sorten stützen, Verblühtes entfernen; nach der Blüte bis etwa 10 cm über dem Boden zurückschneiden; im Frühjahr organisch düngen
Vermehren: durch Teilung oder über Grundstecklinge
Gestalten: in kleinen oder größeren Gruppen auf Beeten und Rabatten; hohe Sorten als Leitstauden

 **Gute Partner**

- *Flammenblume* • *Herbstastern*
- *Indianernessel* • *Rittersporn*

Salate, Blatt- und Kohlgemüse

Mangold
Beta vulgaris ssp. *cicla*

Pflanzenabstand: 20–40 x 30 cm
Erntezeit: Mai–Oktober

Aussehen: kräftige Stiele mit großen fleischigen Blättern; Stiele teils intensiv rot oder gelb gefärbt; Nutzung je nach Sorte als Stiel-, Blatt- oder Blattstielmangold
Standort: humoser, nährstoffreicher, durchlässiger, frischer Boden
Anbau: Aussaat ab April–Juni direkt aufs Beet; Blattmangold mit 20 cm, Stielmangold mit 30–40 cm Reihenabstand, in der Reihe 5–10 cm Abstand, Stielmangold nach dem Aufgehen auf 30 cm ausdünnen
Pflegen: bei Trockenheit gründlich gießen; zwischen den Reihen hacken; nach jeder Ernte düngen
Ernten: fortlaufend, Blattmangold ab 8, Stielmangold ab 12 Wochen nach Aussaat; beim Stielmangold innere Blätter stehen lassen

Expertentipp

Später Mangold übersteht den Winter mit etwas Abdeckung recht gut und liefert im Frühjahr noch Ernten.

Weiß- und Rotkohl
Brassica oleracea var. *capitata*

Pflanzenabstand: 50 x 50 cm
Erntezeit: Juni–November

Aussehen: fester Kopf aus fleischigen, glatten, wachsartig überzogenen Blättern auf kurzem Strunk; Blätter beim Weißkohl hell- bis weißgrün, beim Rotkohl rötlich bis blauviolett
Standort: humoser, nährstoffreicher, kalkhaltiger, frischer Boden
Anbau: Frühsorten im Februar/März vorziehen, Sämlinge pikieren, ab Ende März auspflanzen; mittelfrühe und späte Sorten im März/April ins Frühbeet oder ab Mai aufs Beet säen, ab Ende Mai verpflanzen; etwas weiterer Pflanzabstand (60 x 60 cm) bei späteren Sorten günstig
Pflegen: frühe Pflanzungen mit Folie oder Vlies schützen; gleichmäßig feucht halten, bei Trockenheit kräftig gießen; Boden regelmäßig lockern oder mulchen; Pflanzen mehrmals anhäufeln und düngen
Ernten: etwa 15–20 Wochen nach der Aussaat; Köpfe am Strunk abschneiden

Kohlrabi
Brassica oleracea var. *gongylodes*

Pflanzenabstand: 30 x 30 cm
Erntezeit: Mai–September

Aussehen: Kohlpflanze mit rundlicher bis abgeflachter, fleischiger Sprossknolle; Knolle je nach Sorte hellgrün oder blau-rotviolett
Standort: humoser, nährstoffreicher, gern kalkhaltiger, frischer Boden
Anbau: frühe Sorten ab Februar vorziehen, pikieren und ab Mitte März auspflanzen; Sommersorten im April aussäen (am besten unter Folie), im Mai verpflanzen; Herbstsorten im Juni säen, ab Ende Juli pflanzen
Pflegen: gleichmäßig feucht halten, sonst platzen die Knollen; Pflanzen mehrmals anhäufeln; Boden regelmäßig lockern oder mulchen; ein- bis zweimal organisch düngen
Ernten: 10–12 Wochen nach der Aussaat; Knollen nicht zu groß werden lassen, damit sie nicht verholzen

Expertentipp

Pflanzen Sie Kohlrabi und alle anderen Kohlgemüse möglichst nur alle 4 Jahre auf dasselbe Beet.

Kopfsalat
Lactuca sativa var. *capitata*

Pflanzenabstand: 30 x 30 cm
Erntezeit: April–Sept. (Okt.)

Aussehen: bildet dichte, rundliche Köpfe aus grünen, bei manchen Sorten auch rötlichen Blättern; Blätter beim eigentlichen Kopfsalat zart, beim Eissalat kräftig und knackig, beim Bataviasalat dickfleischig
Standort: bevorzugt sonnig; humoser, durchlässiger, frischer Boden
Anbau: ab Februar vorziehen (Lichtkeimer), nach Aufgang Pflänzchen pikieren; ab März auspflanzen; ab April auch Aussaat ins Freie, dann später Sämlinge ausdünnen; alle 2–3 Wochen Folgesaaten, bis August möglich, unter Glas bis September; passende Früh-, Sommer- oder Spätsorten wählen; im Frühjahr mit Folie oder Vlies schützen
Pflegen: Kompost als Düngung meist ausreichend; gleichmäßig leicht feucht halten, im Sommer regelmäßig gießen; Boden lockern
Ernten: etwa 8–10 Wochen nach Aussaat; bei Frühsorten nicht zu lange warten, sonst »schießt« der Salat

Pflück- und Schnittsalat
Lactuca sativa var. *crispa*

Pflanzenabstand: 25 x 10–30 cm
Erntezeit: ab April/Mai–Juli

Aussehen: bildet lockere oder dichte Blattrosetten; Blätter glatt oder gekraust, grün, rötlich oder bräunlich
Standort: humoser, durchlässiger, frischer Boden
Anbau: ab Februar vorziehen, pikieren, ab März auspflanzen; ab März Aussaat unter Glas, ab April ins Freie; Pflücksalat in der Reihe auf 25–30 cm ausdünnen, Schnittsalat kann eng stehen bleiben; Folgesaaten bei Schnittsalat bis April, bei Pflücksalat bis Juli
Pflegen: zum Düngen genügt meist etwas Kompost; leicht feucht halten; Boden lockern
Ernten: ab 4–6 Wochen nach Aussaat; bei Schnittsalat ganze Pflanze, von Pflücksalat fortlaufend die untersten Blätter entfernen

➤ Expertentipp

Salate passen in Mischkultur zu den meisten Gemüsen; Ausnahmen bilden Petersilie und Sellerie.

Weitere Salate, Blatt- und Kohlgemüse

Name	Pflanzzeit Abstand	Erntezeit
Schnittsellerie (*Apium graveolens* var. *rapaceum*)	Mai oder Direktsaat April–Mai 40 x 30 cm	Mai–Juli
Gartenmelde (*Atriplex hortensis*)	Direktsaat März–August 25 x 10 cm	April–Sept.
Blumenkohl (*Brassica oleracea* var. *botrytis*)	April–Juni 50 x 50 cm	Juni–Sept.
Brokkoli (*Brassica oleracea* var. *italica*)	Mai–Juni 40 x 50 cm	Juni–September
Wirsingkohl (*Brassica oleracea* var. *sabauda*)	März–Juni 40 x 50 cm	Juni–Oktober
Rübstiel (*Brassica rapa* var. *rapa*)	Direktsaat März–Mai 25 cm Reihenabstand	April–Juli
Rucolasalat (*Eruca sativa*)	Direktsaat April–Sept. 20 cm Reihenabstand	Mai–Oktober
Bindesalat (*Lactuca sativa* var. *longifolia*)	ab April oder Direktsaat April–Mai 30 x 35 cm	Juni–August
Portulak (*Portulaca oleracea* var. *sativa*)	Direktsaat Mai–August 15–20 cm Reihenabstand	Juni–September
Neuseeländer Spinat (*Tetragonia tetragonioides*)	Mai–Juni 50 x 80 cm	Juni–Oktober

Hinweis: Spezielle Herbst- und Wintergemüse und Salate finden Sie auf Seite 100/101

Zwiebel-, Wurzel- und Knollengemüse

Zwiebel
Allium cepa

Pflanzenabstand: 25 x 10 cm
Erntezeit: Juli–August

Aussehen: Zwiebelgewächs mit runden, hohlen Blättern (Schlotten genannt); je nach Sorte bräunliche, rote, violette oder weiße Zwiebeln
Standort: gut gelockerter, humoser, am besten sandig lehmiger Boden
Anbau: Zwiebeln ab März–Ende April pflanzen, dabei so tief stecken, dass die Spitze noch knapp mit Erde bedeckt ist; auch Aussaat möglich, im März/April oder ab August für die Überwinterung
Pflegen: bei längerer Trockenheit gießen, kurz vor der Reife trockener halten; zwischen den Reihen hacken
Ernten: erste Zwiebeln für die Küche schon ab Juni; Haupternte, wenn das Laub umknickt und gelb wird; vorm Einlagern abtrocknen lassen

🌱 *Gute Partner*

- Erdbeeren • Gurken
- Kopfsalat • Möhren
- Tomaten • Zucchini

Lauch, Porree
Allium porrum

Pflanzenabstand: 40 x 15 cm
Erntezeit: Juli–Mai (im Folgejahr)

Aussehen: Zwiebelgewächs mit breiten, flachen, blaugrünen Blättern und hellgrünem bis weißem Schaft
Standort: humoser, nährstoffreicher, durchlässiger, frischer Boden
Anbau: Anzucht von Februar–April, Pflanzung von April–Juli; Winterporree im April/Mai draußen säen und bis Mitte August pflanzen; die Pflanzen können in Löcher oder Furchen gesetzt werden, der Blattansatz muss aber über der Erde bleiben
Pflegen: gleichmäßig feucht halten; nach dem Anwachsen düngen oder Kompost geben, nach einigen Wochen nachdüngen; Boden regelmäßig lockern; Pflanzen anhäufeln, um weiße Schäfte zu erhalten; Winterporree bei starken Frösten vorübergehend abdecken
Ernten: Boden um die Pflanzen herum mit der Grabegabel lockern, dann Schäfte behutsam herausziehen; spät gepflanzter Winterporree kann im Frühjahr geerntet werden

Knollensellerie
Apium graveolens

Pflanzenabstand: 40 x 40 cm
Erntezeit: März–Mai

Aussehen: dunkelgrüne, gefiederte Blätter an langen Stielen; bildet unterirdische bräunliche Knollen, die mit zunehmendem Wachstum aus der Erde herausschauen
Standort: bevorzugt sonnig; humoser, durchlässiger, frischer Boden
Anbau: ab Mitte März vorziehen, ein- bis zweimal pikieren, Jungpflanzen nicht zu warm (bei 14–18 °C) halten; ab Mitte Mai auspflanzen
Pflegen: stets leicht feucht halten; Boden regelmäßig lockern oder mulchen; mehrmals kali- und borhaltigen Dünger geben
Ernten: Erde rund um die Knolle vorsichtig mit der Grabegabel lockern, nach Herausziehen der Knolle Blätter und Wurzeln stark einkürzen

🌱 *Gute Partner*

- Bohnen • alle Kohlgemüse
- Lauch • Paprika • Tomaten

 sonnig
 halbschattig
 schattig
 viel gießen

Rote Bete, Rote Rübe
Beta vulgaris ssp. *vulgaris*

Pflanzenabstand: 30 x 5–10 cm
Erntezeit: Juni–Oktober

Aussehen: rot geäderte Blätter an roten Stielen; bildet runde bis walzenförmige Wurzelknollen mit rotem Fleisch, bei manchen Sorten auch gelb oder weißlich
Standort: humoser, durchlässiger, gut gelockerter, frischer Boden
Anbau: ab Mitte April–Mai direkt aufs Beet säen, in Reihen mit 25–30 cm Abstand; Sämlinge auf 5–10 cm Abstand ausdünnen; Spätsaat für Lagerrüben Mitte Juni
Pflegen: gleichmäßig leicht feucht halten; Boden regelmäßig lockern oder mulchen
Ernten: ab etwa 10 Wochen nach Aussaat fortlaufend die größten Rüben ernten; die so genannten zarten »Baby Beets« lässt man nur rund 5 cm dick werden

> ▶ **Expertentipp**
>
> *Hacken Sie zwischen Knollen- und Wurzelgemüse stets vorsichtig, um das Erntegut nicht zu beschädigen.*

Möhre, Karotte
Daucus carota ssp. *sativus*

Pflanzenabstand: 25 x 5–10 cm
Erntezeit: Juni–Oktober

Aussehen: Wurzelgemüse mit fein gefiederten Blättern; Wurzelrübe länglich oder rundlich (bei Karotten), orangegelb bis rot
Standort: humoser, durchlässiger, unbedingt gut gelockerter Boden; gut ausgereiften Kompost zugeben
Anbau: je nach Saatzeit passende Sorten wählen; Februar–Juni direkt ins Beet säen, in etwa 3 cm tiefe Rillen; zusätzlich einige Radieschensamen ausstreuen, sie keimen schnell und zeigen, wo die Reihen verlaufen, da die Möhren erst 3–4 Wochen nach der Saat erscheinen; zu dicht stehende Pflänzchen ausdünnen
Pflegen: gleichmäßig, aber nicht übermäßig feucht halten; frühzeitiges Jäten wegen des langsamen Wachstums besonders wichtig; etwas anhäufeln, damit die Rüben oben nicht grün werden
Ernte: etwa 3–4 Monate nach der Aussaat, späte Möhren erst nach 5–6 Monaten

Radieschen
Raphanus sativus var. *sativus*

Pflanzenabstand: 20 x 8 cm
Erntezeit: Mai–September

Aussehen: Knollengemüse mit ovalen, rau behaarten Blättern; Knollen je nach Sorte rundlich, kegelig oder walzenförmig, rot, rosa oder weiß
Standort: humoser, durchlässiger, gut gelockerter, frischer Boden
Anbau: ab März–August direkt aufs Beet säen, alle 2–3 Wochen in Folgesaaten; Sorten für Frühjahrs- und Sommersaat beachten; zu dicht stehende Pflänzchen ausdünnen
Pflegen: gleichmäßig leicht feucht halten; Boden oft lockern; Düngung nicht nötig
Ernten: im Frühjahr etwa 6, im Sommer 4 Wochen nach der Aussaat; nicht zu lange warten, sonst werden die Knollen »pelzig«; die dicksten Radieschen zuerst ernten

> ▶ **Expertentipp**
>
> *Kleine Löcher in den Blättern deuten auf Erdflöhe hin; regelmäßiges Gießen und Hacken mindert den Befall.*

Frucht- und Hülsengemüse

Gurke
Cucumis sativus

Pflanzenabstand: 110 x 30 cm
Erntezeit: Juli–September

Aussehen: niederliegend oder hoch
rankend; gelbe Blüten; meist grüne
Früchte
Standort: warm, geschützt, empfindliche Salatgurken am besten im
Gewächshaus; humoser, nährstoffreicher Boden
Anbau: im April in Töpfen vorziehen, Ende Mai pflanzen oder ab
Mitte Mai–Anfang Juni direkt ins
Freie säen, später vereinzeln; Salatgurken brauchen mehr Abstand
(100 x mindestens 50 cm); am
besten an Gittern, Gerüsten oder
Schnüren hochziehen
Pflegen: unbedingt gleichmäßig
feucht halten; mulchen; alle 4 Wochen organischen Dünger geben;
bei Einlege- und Schälgurken nicht
fruchtende Triebe bis auf das 7. Blatt
einkürzen; bei Salatgurken ab etwa
2 m Höhe Haupttrieb kappen, Seitentriebe mit Fruchtansätzen ober-
halb des zweiten Blatts abschneiden
Ernten: ab Juli regelmäßig pflücken

Kürbis
Cucurbita maxima

Pflanzenabstand: 100 x 160 cm
Erntezeit: Juli–Oktober

Aussehen: niederliegend, rankend
oder buschig; gelbe Blüten; Früchte
in den unterschiedlichsten Formen
und Farben
Standort: warm, geschützt; humoser, nährstoffreicher, frischer Boden
Anbau: im April in Töpfen vorziehen, nach Mitte Mai pflanzen oder
ab Mitte Mai direkt ins Freie säen
Pflegen: gut mit Kompost versorgen;
feucht halten, vor allem während
der Fruchtentwicklung; Seitentriebe
kann man bei 60–100 cm Länge
kappen, um neue Fruchtansätze
zu fördern
Ernten: Gartenkürbisse (*C. pepo*) ab
etwa 4 Wochen nach dem Pflanzen
fortlaufend pflücken; Riesenkürbisse
erst kurz vor Frosteintritt ernten

> ▶ **Expertentipp**
>
> *Optimal ist eine Pflanzung direkt*
> *neben dem Kompost, den der Kürbis*
> *dann beschattet.*

Zucchini
Cucurbita pepo

Pflanzenabstand: 80 x 80 cm
Erntezeit: Juli–September

Aussehen: wächst breit ausladend;
sehr große Blätter, bei manchen
Sorten dekorativ gemustert; goldgelbe bis orange Trichterblüten, rein
männliche und rein weibliche an
derselben Pflanze; Früchte walzen-
bis keulenförmig, grün, gelb, weiß
oder gestreift
Standort: warm und geschützt;
humoser, nährstoffreicher, durchlässiger, frischer bis leicht feuchter
Boden
Anbau: im April in Töpfen vorziehen, nach Mitte Mai pflanzen oder
ab Mitte Mai direkt ins Freie säen
Pflegen: gleichmäßig feucht halten;
mehrmals mit ausgereiftem Kompost versorgen; Mulchen rund um
die Pflanzen sehr vorteilhaft
Ernten: oft schon 6 Wochen nach
dem Pflanzen, Früchte nicht größer
als 15–20 cm werden lassen; auch
die Blüten sind essbar

Tomate
Lycopersicon esculentum

Pflanzenabstand: 50 x 70 cm
Erntezeit: Juli–Oktober

Aussehen: Stabtomaten hochwüchsig, wenig verzweigt, mit großen Früchten; Cocktail- oder Kirschtomaten meist hochwüchsig, wenig verzweigt, kirsch- bis pflaumengroße, oft süßliche Früchte; Buschtomaten kleinwüchsig, buschig verzweigt, Früchte mittelgroß, teils süß; alle grünen Teile der Tomatenpflanzen sind giftig!
Standort: warm, geschützt; humoser, nährstoffreicher, frischer Boden; Standplatz jährlich wechseln
Anbau: ab Ende Februar/März vorziehen, einzeln in Töpfe pikieren; Mitte–Ende Mai ins Freie setzen
Pflegen: hoch wachsende Sorten an Stäben aufbinden; stets gut feucht halten; alle 4 Wochen düngen; bei Stabtomaten in den Blattachseln entstehende Triebe regelmäßig ausbrechen (ausgeizen), nach Bildung des 5. oder 6. Blütenstands Spitze des Haupttriebs kappen
Ernten: vollreife Früchte pflücken

Buschbohne
Phaseolus vulgaris var. *nanus*

Pflanzenabstand: 40 x 10 cm
Erntezeit: Juli–Oktober

Aussehen: kompakt buschig; weiße, gelbe oder violette Blüten; Fruchthülsen grün, blaugrün oder gelb; rohe Früchte sind giftig!
Standort: warm, geschützt; humoser, durchlässiger, frischer Boden
Anbau: Mitte April in Töpfen vorziehen, nach Mitte Mai pflanzen oder Mai–Anfang Juli draußen säen, 2–3 cm tief; auch Horstsaat möglich: alle 40 cm 4–6 Körner auslegen
Pflegen: bei Freilandsaat anfangs Schutzvlies auflegen; mäßig gießen, während der Blüte etwas mehr; häufig Erde lockern und an der Stängelbasis der Pflanzen anhäufeln
Ernten: etwa 6–8 Wochen nach der Aussaat; regelmäßig durchpflücken, Hülsen früh ernten, solange sie noch zart sind

▶ **Expertentipp**

Stangenbohnen bringen höhere Erträge, verlangen aber auch mehr Platz und Aufwand.

Erbse
Pisum sativum

Pflanzenabstand: 40 x 5 cm
Erntezeit: Mai/Juni–August

Aussehen: Rankpflanze, je nach Sorte 30–150 cm hoch; Blüten weiß oder violett; grünliche Fruchthülsen; Schal- oder Palerbsen mit glatten, mehligen Samenkörnern; Markerbsen mit runzligen, süßen Körnern; Zuckererbsen ohne Pergamenthaut in den Hülsen, süße Körner
Standort: humoser, durchlässiger Boden
Anbau: direkt aufs Beet säen, 5 cm tief; Schalerbsen ab Mitte März, Zuckererbsen ab Ende März, Markerbsen ab Anfang April–Mai
Pflegen: Saat mit Netzen vor Vogelfraß schützen; gleichmäßig feucht halten; Kompostdüngung genügt; bei 10 cm Wuchshöhe anhäufeln, hohe Sorten mit Reisig oder Maschendraht stützen
Ernten: Schalerbsen ab Ende Mai jung pflücken oder ausreifen lassen; Markerbsen und Zuckererbsen ab Juni, hier nur junge, zarte Hülsen ernten, öfter durchpflücken

mäßig gießen

wenig gießen

pflegeleicht

giftig

Einjährige Sommerblumen

Ringelblume
Calendula officinalis

Höhe: 30–60 cm
Blütezeit: Juni–Oktober

Aussehen: aufrechter Wuchs, wenig verzweigt; Blätter länglich eiförmig; Blüten gelb, orange, apricot, oft mit dunkler Mitte; einfach oder gefüllt
Standort: jeder normale, durchlässige Gartenboden
Vorziehen: im Februar/März; oder April–Juni direkt ins Freie säen (Lichtkeimer)
Pflanzen: ab Ende April mit 20–30 cm Abstand
Pflegen: in längeren Trockenphasen gießen; bei guter Kompostversorgung keine Düngung nötig; regelmäßiges Entfernen von Verblühtem sorgt für Dauerflor; wenn Selbstaussaat gewünscht, Blüten stehen lassen
Gestalten: attraktiv in Gruppen auf Beeten, mit roten, blauen und weißen Nachbarpflanzen; passt auch gut ins Gemüse- und Kräuterbeet

 *Gute Partner*

- *Feuersalbei* • *Kornblumen*
- *Löwenmäulchen* • *Margeriten*

Zwergmargerite
Coleostephus, Hymenostemma

Höhe: 20–40 cm
Blütezeit: Mai–September/Oktober

Aussehen: buschiger Wuchs; Gelbe Zwergmargerite (*Coleostephus multi-caulis*) mit fleischigen, blaugrünen Blättern und goldgelben Korbblüten; Weiße Zwergmargerite (*Hymenostemma paludosum*) mit fiederteiligen grünen Blättern und weißen Korbblüten mit gelber Mitte
Standort: humoser, durchlässiger Boden
Vorziehen: im März/April
Pflanzen: Mitte Mai, 20–30 cm Abstand
Pflegen: leicht feucht halten; alle 6–8 Wochen düngen; Verblühtes regelmäßig wegschneiden; Weiße Zwergmargerite nach dem ersten Flor leicht zurückschneiden
Gestalten: hübsch in Beeten, auch als Einfassungspflanzen, als Blumeninseln im Rasen oder Rosenbegleiter

 *Gute Partner*

- *Feuersalbei* • *Männertreu*
- *Nelken* • *Verbenen*

Sonnenblume
Helianthus annuus

Höhe: 40–300 cm
Blütezeit: Juli–Oktober

Aussehen: aufrecht mit kräftigem Stängel, niedrige Sorten teils stärker verzweigt; Blätter groß, herzförmig, rau; Korbblüten gelb, orange, rotbraun, mit dunkler Mitte; einfach oder gefüllt
Standort: möglichst windgeschützt und warm; humoser, nährstoffreicher, durchlässiger, frischer Boden
Vorziehen: im März/April, Körner einzeln oder je zwei in Anzuchtöpfe säen oder ab April direkt aufs Beet, in Grüppchen von 3–6 Samen; später schwächste Sämlinge entfernen
Pflanzen: ab Mitte Mai mit 40–50 cm Abstand
Pflegen: hoher Wasserbedarf; wöchentlich düngen; hochwachsende Sorten mit Stäben stützen
Gestalten: besonders wirkungsvoll in kleinen Gruppen; markante Blume für den Beethintergrund oder als zentraler Blickfang; hübsch auch vor Zäunen und Mauern oder direkt an der Terrasse

Männertreu, Lobelie
Lobelia erinus

Höhe: 10-20 cm
Blütezeit: Mai–August

Aussehen: wächst buschig aufrecht bis polsterartig oder hängend; Blätter schmal, dunkelgrün; kleine, sehr zahlreiche Blüten, blau, violett oder rosa, teils mit weißem Auge
Standort: humoser, durchlässiger, frischer Boden
Vorziehen: Januar–März, Lichtkeimer; nicht einzeln, sondern in Büscheln in Töpfe pikieren
Pflanzen: ab Mitte Mai mit 20 cm Abstand
Pflegen: gleichmäßig feucht halten; alle 4 Wochen schwach dosiert düngen; nach dem ersten Flor (Juli) um ein Drittel zurückschneiden
Gestalten: lässt sich durch den buschigen bis niederliegenden Wuchs sehr schön als Unter- oder Vorpflanzung höherer Blumen einsetzen; attraktiv als Beeteinfassung; auch als beliebte und vielseitig einsetzbare Balkonblume bekannt

Studentenblume, Tagetes
Tagetes-Arten und -Hybriden

Höhe: 20–100 cm
Blütezeit: Mai–Oktober

Aussehen: buschig aufrecht; Blätter fein gefiedert; Blüten gelb, orange, rot, rotbraun, auch mehrfarbig; *T. tenuifolia* mit einfachen Blüten, *T. patula* halb gefüllt bis gefüllt; *T. erecta* besonders große, meist stark gefüllte Blüten
Standort: bevorzugt sonnig; humoser, nährstoffreicher, frischer Boden
Vorziehen: Januar–März; ab Mitte April auch Aussaat direkt aufs Beet
Pflanzen: ab Mitte Mai, je nach Wuchshöhe mit 15–40 cm Abstand
Pflegen: gleichmäßig feucht halten; alle 4–6 Wochen düngen; Verblühtes regelmäßig entfernen
Gestalten: niedrige Sorten eignen sich gut als Beeteinfassung

> **Expertentipp**

Tagetes reduzieren schädliche Wurzelnematoden im Boden und können so befallene Gemüsebeete »kurieren«.

Weitere einjährige Sommerblumen

Name	Höhe	Blütenfarbe Blütezeit
Für sonnige Plätze:		
Sommeraster (*Callistephus chinensis*)	30–100 cm	rot, rosa, blau, weiß Juli–Oktober
Kornblume (*Centaurea cyanus*)	40–90 cm	blau, rosa, weiß Juni–September
Schmuckkörbchen (*Cosmos bipinnatus*)	50–120 cm	rosa, rot, weiß Juli–Oktober
Kaisernelke (*Dianthus chinensis*)	20–40 cm	rosa, rot, weiß Juni–September
Vanilleblume (*Heliotropium arborescens*)	30–60 cm	violett, blau Juni–Oktober
Bechermalve (*Lavatera trimestris*)	50–120 cm	weiß, rosa Juli–Oktober
Rudbeckie (*Rudbeckia hirta*)	40–100 cm	gelb, orange Juli–September
Feuersalbei (*Salvia splendens*)	20–50 cm	rot, violett, rosa Mai–Oktober
Zinnie (*Zinnia elegans*)	30–100 cm	viele Farbtöne Juli–September
Für sonnige bis halbschattige Plätze:		
Leberbalsam (*Ageratum houstonianum*)	10–60 cm	blau, rosa, weiß Mai–Oktober
Löwenmäulchen (*Antirrhinum majus*)	30–100 cm	viele Farbtöne Juni–September
Kapuzinerkresse (*Tropaeolum*-Hybriden)	30–100 cm	viele Farbtöne Juni–September
Für sonnige bis schattige Plätze:		
Fleißiges Lieschen (*Impatiens walleriana*)		rosa, rot, weiß Juni–Oktober

Gartenspaß im Sommer

Arbeitskalender

Allgemeine Gartenarbeiten

- Wenn gegen Anfang Juni die größte Schneckengefahr vorbei ist, freie Beetflächen und Boden unter Gehölzen mulchen. ► *siehe Seite 72/73*
- Rasen kann im Juni noch gut angelegt oder nachgesät werden, sofern es nicht zu heiß und trocken ist.
- Regelmäßig gießen, jäten und hacken bzw. Mulchschichten erneuern – dies besonders gründlich, wenn eine Urlaubsreise bevorsteht.
- Stets auf erste Anzeichen von Schädlingen und Krankheiten achten, diese frühzeitig mit geeigneten Methoden bekämpfen. ► *siehe Seite 84/85*
- Mitte Juli Blumenwiese mähen.
- Rasen kann im Juli nochmals gedüngt werden.
- Bei großer Hitze und hohen Ozonwerten schwere Gartenarbeiten ruhen lassen – nichts ist so dringend, dass man Sonnenbrand oder Kreislaufprobleme riskieren muss.

Arbeiten im Blumen- und Staudengarten

- Bei Bedarf Sommerblumen und Stauden (Containerpflanzen) nachpflanzen.
- Zweijährige Sommerblumen, wie z. B. Stiefmütterchen oder Tausendschön, vorziehen, bis Anfang/Mitte Juli.
- Direkt aufs Beet gesäte Einjahrsblumen ausdünnen (auf mindestens 15–20 cm Abstand, je nach Größe).
- Verblühtes regelmäßig entfernen. ► *siehe Seite 74/75*
- Hohe Stauden und Sommerblumen, wenn nötig, aufbinden oder stützen. ► *siehe Seite 74/75*
- Im Juli verblühte Stauden zurückschneiden. ► *siehe Seite 74/75*
- Bis in den Herbst hinein blühende Sommerblumen nochmals düngen. ► *siehe Seite 90/91*

Juni / Juli

Arbeiten im Gemüse- und Kräutergarten

- Kohl, Salat und Lauch pflanzen.
- Herbst- und Wintergemüse säen, ab Juni oder Juli (je nach Art) pflanzen.
- Saatreihen auf optimale Abstände ausdünnen; angewachsene, etwa 10–20 cm hohe Kohl-, Lauch- und Tomatenpflanzen sowie Erbsen anhäufeln. ➤ *siehe Seite 76/77*
- Stabtomaten immer wieder aufbinden und ausgeizen (Achseltriebe ausbrechen). ➤ *siehe Seite 76/77*
- Gemüse mit hohem Nährstoffbedarf wie Kohl und Tomaten nochmals düngen.
- Reifes Gemüse ernten, letzten Rhabarber bereits um den 24. Juni; Kräuter zum Trocknen schneiden. ➤ *siehe Seite 96/97*

Arbeiten an Zier- und Obstgehölzen

- Frühjahrsblüher auslichten und/oder zurückschneiden.
- Mit Heckenschnitt bis Ende Juni/Anfang Juli warten, um brütende Vögel zu schonen.
- Welke Rosenblüten sowie Wildlingstriebe bei Rosen, Flieder und anderen veredelten Gehölzen entfernen. ➤ *siehe Seite 78/79*
- Obstgehölze bei Trockenheit gründlich wässern, sehr dichten Fruchtbehang nach dem natürlichen Fruchtfall im Juni noch etwas ausdünnen.
- Sauerkirschen und Beerenobst können teils ab Juni schon geerntet werden, restliche Früchte mit Vogelnetzen schützen.
- Abgeerntete Bäume und Sträucher auslichten.
  ➤ *siehe Seite 94/95*
- Fallobst regelmäßig aufsammeln und entfernen.
- Ende Juni letzte stickstoffhaltige Düngung bei Sträuchern und Bäumen, damit das Holz gut ausgereift in den Winter geht.

Arbeitskalender

Allgemeine Gartenarbeiten

- Auf frei gewordenen Flächen Gründüngung einsäen.
  ➤ *siehe Seite 90/91*

- Regelmäßig gießen, jäten, hacken, mulchen sowie auf Schädlinge und Krankheiten achten, besonders gründlich vor einer geplanten Urlaubsreise.
  ➤ *siehe Seite 72/73*

- Bei großer Hitze und hohen Ozonwerten schwere Gartenarbeiten vermeiden – und den Garten an schattigen Plätzen genießen.

- Ab Ende August bis etwa Mitte September kann Rasen eingesät werden, sofern es nicht noch zu trocken und heiß ist.

- Ab etwa Mitte September zurückhaltender gießen, nur bei Neupflanzungen und längerer Trockenheit häufiger wässern.

- Blumenwiese, wenn nötig, im September nochmals mähen.

Arbeiten im Blumen- und Staudengarten

- Verblühtes regelmäßig entfernen, verblühte Stauden zurückschneiden. ➤ *siehe Seite 74/75*

- Frühjahrsblühende Stauden teilen und verpflanzen.

- Im August Zwiebeln von Narzissen, Kaiserkrone, Märzenbecher, Madonnenlilie, Herbstzeitlosen und Herbstkrokussen für die Frühjahrsblüte stecken.

- Im September Stauden, zweijährige Sommerblumen und Zwiebelblumen (außer Tulpen und Hyazinthen) pflanzen.

- Letzte Beete und Rabatten für die Herbstpflanzung vorbereiten.
  ➤ *siehe Seite 72/73*

August / September

Arbeiten im Gemüse- und Kräutergarten

- Radieschen, Rettich, Rucolasalat, Asiasalate und Kresse können noch bis September gesät werden; ab August Aussat von Feldsalat und Spinat, ab September Winterportulak.
- Kohlrabi und Winterporree bis etwa Mitte August setzen.
- Erdbeeren bei Trockenheit gründlich gießen, das fördert die Blütenanlage; neue Pflanzen setzen.
- Stabtomaten aufbinden, ausgeizen, Spitze des Haupttriebs kappen; Tomatenreife an kühlen Septembertagen mit Plastikhauben fördern und sichern. ➤ *siehe Seite 77*
- Reifes Gemüse rechtzeitig ernten, größere Mengen kühl lagern oder konservieren. ➤ *siehe Seite 96/97*
- Mehrjährige Kräuter teilen und verpflanzen.

Arbeiten an Zier- und Obstgehölzen

- Bei längerer Trockenheit im August Sträucher und Bäume durchdringend gießen.
- Nach Mitte August Gehölze nicht mehr düngen.
- Verblühtes bei Rosen regelmäßig wegschneiden, sofern keine Hagebutten gewünscht, und Wildlingstriebe entfernen.
  ➤ *siehe Seite 78/79*
- Fruchttriebe bei Kiwis einkürzen.
- Reife Äpfel und Birnen sowie Stein- und Beerenobst pflücken; schwer mit Früchten behangene Zweige stützen.
- Fallobst regelmäßig aufsammeln.
- Abgeerntete Steinobstbäume und Beerensträucher auslichten.
  ➤ *siehe Seite 94/95*
- Ab September Nadelgehölze und immergrüne Laubgehölze pflanzen.

Sommerliche Gartenpflege

Wenn das meiste gesät und gepflanzt ist und die letzten Frühjahrssträucher ausgelichtet sind – dann wird es höchste Zeit, den Garten einfach mal zu genießen. Anfang Juni tritt zwar noch häufiger eine kühle Periode auf, die als Schafskälte bekannt ist. Doch ansonsten bietet das Wetter nun schon öfter Gelegenheit für Mußestunden oder kleine Feste im Grünen. Freilich gibt es auch im Sommer so manches zu tun, doch einiges davon lässt sich quasi nebenbei erledigen.

Von der Schafskälte im Juni über die heißen Hundstage ab Ende Juli bis zu den häufig nochmals sonnigen Septembertagen, dem so genannten Altweibersommer, erstreckt sich die Hochsaison im Garten. Leider fällt der Gartensommer in manchen Jahren aber auch wegen ausgedehnter Regenphasen ins Wasser. Dann – so sehen das zumindest optimistische Gärtnernaturen – spart man sich immerhin das häufige Gießen. Tatsächlich ist das Bewässern eine der wenigen Sommerarbeiten, die keinesfalls Aufschub dulden. Fast in dieselbe Kategorie fallen regelmäßiges Jäten, Hacken oder Mulchen und, in etwas größeren Abständen, das Rasenmähen sowie das frühzeitige Reagieren auf Krankheiten und Schädlinge. Alles, was ansonsten anliegt, kann notfalls etwas warten – sei es, weil die Hitze zu unerträglich ist oder weil anhaltender Regen keine rechte Laune macht.

So fahren Sie beruhigt in den Urlaub

Ein geplanter Sommerurlaub hat schon so manchen Gärtner ins Grübeln gebracht. Doch wenn Sie kurz vor Urlaubsantritt noch einmal sorgfältig Unkraut entfernen, alle freien Flächen hacken, dann mit Mulch überziehen und die durstigeren Pflanzen gründlich gießen – dann kann nicht allzu viel passieren. Freilich sind 2–3 Wochen, in denen die Sonne erbarmungslos vom Himmel brennt, nicht ganz auszuschließen; doch selbst in diesem Ausnahmefall helfen die genannten Vorkehrungen, eventuelle Verluste gering zu halten. Vergessen Sie auch nicht, den Rasen noch einmal zu mähen (nicht zu kurz), welke Blüten zu entfernen und reifes Gemüse und Obst zu ernten. Am wenigsten Gedanken muss man sich natürlich machen, wenn ein hilfreicher Freund, Verwandter oder netter Nachbar das Gießen übernimmt – und als kleines Vorab-Dankeschön schon einmal das zwischendurch reif werdende Gemüse und Obst genießen darf.

Richtig gießen und bewässern

Schon ab dem Frühjahr, mit den ersten Aussaaten und Pflanzungen, gehört das Gießen zur mehr oder weniger täglichen Gartenroutine. Wenn die Pflanzen dann gut eingewachsen sind, hängen sie nicht mehr ganz so stark von unserer Fürsorge ab: Denn mit voll entwickeltem Wurzelwerk können sie die Wasservorräte im Boden nutzen, je nach Wurzelwachstum auch aus tieferen Schichten. Doch diese Reserven sind bei warmem, trockenem Wetter recht bald erschöpft. Wie lange es die Pflanzen ohne Nachschub aushalten, ist je nach Art sehr unterschiedlich.

Was braucht viel, was braucht wenig Wasser?

Vor allem Gemüse und Sommerblumen sind in Trockenperioden auf eine regelmäßige Wasserversorgung angewiesen, auch Kräuter wie z. B. Basilikum und Petersilie und die Rasengräser, die nicht allzu tief wurzeln. Prachtstauden wie Rittersporn und Phlox brauchen ebenfalls häufig Wassernachschub. Und halbschattenverträglichen Stauden wie Primeln oder Gemswurz sollten Sie auch des Öfteren ein paar Gießkannen Wasser gönnen, besonders wenn sie an einem sonnigen Platz stehen.

Gemäß ihrer Herkunft sind dagegen die mediterranen Kräuter wie Thymian, Oregano (Dost), Salbei oder Lavendel oft wahre Trockenkünstler. Auch typische Steingartenpflanzen wie Felsensteinkraut und Blaukissen kommen meist mit wenig Wasser aus. Gießen Sie auch Zwiebel- und Knollenblumen eher zurückhaltend und nur während der Hauptwachstumszeit – Dauernässe im Boden kann die unterirdischen Organe schädigen. Bäume und Sträucher bilden mit den Jahren meist ein so weit und tief reichendes Wurzelsystem aus, dass sie auch längere Trockenzeiten ohne Schaden überstehen. Flachwurzler wie Johannis- und Stachelbeeren sowie recht sonnig stehende Halbschattensträucher, z. B. Hortensien, schätzen aber gelegentliche Wassergaben im Hochsommer durchaus. Außerdem empfiehlt sich bei Obstbäumen und -sträuchern ein gründliches Bewässern, falls während der Fruchtbildung kein Tröpfchen Regen vom Himmel fällt.

So gießen Sie effektiv

Häufig mal hier und da eine Gießkanne oder kurz den Regner angestellt – das bringt nicht viel, so verdunstet ein Großteil des Wassers, ehe es zu den Wurzeln gelangt. Gießen Sie besser gründlich und durchdringend, vorzugsweise ohne Brauseaufsatz direkt in den Wurzelbereich. Dann kommt das Nass am schnellsten dahin, wo es gebraucht wird. Auf Gemüse- und Blumenbeeten können Sie durchaus 10–20 Liter pro qm gießen, beim gelegentlichen Wässern von Sträuchern und Bäumen mindestens ebenso viel. Gießen Sie dabei zwei- oder dreimal in kurzem Abstand über dieselbe Stelle, damit das Wasser zwischendurch einsickern kann.

Wie häufig muss gegossen werden?

Frisch gesetzte Pflanzen brauchen einen stets feuchten Boden und müssen bei sonnigem, warmem Wetter bis zu zweimal täglich gegossen werden. Doch sobald sie eingewachsen sind, brauchen Sie selbst Gemüse und Blumen nicht mehr unbedingt jeden Tag zu gießen. Wenn Sie effektiv gießen, reicht der Wasservorrat sogar im Hochsommer oft bis zu 3 Tage.

Entsprechend teile ich mir den Garten in 2–3 »Gießreviere« ein, die ich im Sommer im täglichen Wechsel durchdringend mit Wasser versorge. Das spart unterm Strich Arbeit und nicht zuletzt auch Gießwasser.

Die gute alte Regentonne

In Sammeltonnen gut temperiert, kommt Regenwasser dem sparsamen Gärtner wie den Pflanzen gerade recht. Für das Auffangen des Dachwassers in Regentonnen gibt es ausgefeilte Vorrichtungen in Bau- und Gartenmärkten zu kaufen. Wenn Sie zusätzlich in eine Pumpe mit Verteiler investieren, können Sie das gesammelte Nass bequem mit dem Schlauch ausbringen.

Da sich bei längerer Trockenheit auf dem Dach Ruß- und Schadstoffteilchen ansammeln können, sollten Sie die ersten Regengüsse nach einer längeren Trockenzeit besser erst einmal ungenutzt ablaufen lassen, ehe Sie das Wasser in der Tonne auffangen.

▶ Die sommerliche Blütenpracht entfaltet sich umso üppiger, je besser die Pflanzen mit Wasser versorgt werden. Gründliches, gezieltes Gießen hilft ihnen mehr als häufige kleine Wassergaben.

Den richtigen Gießzeitpunkt können Sie durch leichtes Aufgraben des Bodens überprüfen: Wenn er in 5–10 cm Tiefe noch feucht ist, brauchen Sie bei Pflanzen mit normalem Wasserbedarf noch nicht zu bewässern. Bei Gehölzen und vielen Stauden reicht es sogar, notfalls zu warten, bis die Blätter ein klein wenig schlapp werden.

Auch vom Boden hängt es ab, wie häufig Sie gießen müssen: Ein Boden mit genügend hohem Ton- und Humusanteil kann Wasser wesentlich besser speichern als ein humusarmer Sandboden.

Wann wird am besten gegossen?

Gießen Sie nie in der prallen Mittagssonne. Dann nämlich verdunstet das meiste Wasser, bevor es den Pflanzen zugute kommt. Die Wassertröpfchen können außerdem wie kleine Brenngläser wirken und so auf stark besonnten Blättern Verbrennungen verursachen.

Deshalb ist es am günstigsten, morgens oder am frühen Vormittag zu bewässern. Bei der Alternative – dem abendlichen Bewässern – sollte es nicht allzu spät werden. Denn wenn die Pflanzen feucht in die kühlere Nacht gehen, begünstigt dies Schnecken und die Ausbreitung von Pilzkrankheiten. Schadpilzen beugen Sie zudem vor, indem Sie Blätter und Blüten möglichst wenig benetzen.

Welches Gießwasser eignet sich?

Gießwasser aus der Leitung ist nicht nur teuer, häufig bekommt auch sein Kalkgehalt (Wasserhärte) den Pflanzen schlecht. Die meisten Arten vertragen höchstens mittelhartes Wasser (bis 14 °dH = Grad deutsche Härte), Gewächse, die sauren Boden brauchen, z. B. Rhododendren oder Besenheide, sogar nur weiches Wasser (bis 8 °dH). Wenn Sie keine Möglichkeiten haben, das weichere Regenwasser zu nutzen, empfehle ich zwei vorbeugende Maßnahmen:

● Befüllen Sie die Gießkannen nach jedem Gießen gleich wieder; dann setzt sich ein Teil des Kalks unten ab, und das Wasser wird vorgewärmt.

● Setzen Sie geeignete Wasseraufbereitungsmittel aus dem Garten- oder Teichfachhandel ein, um das Nass für kalkempfindliche Arten zu enthärten. Wenn Ihr Leitungswasser mehr als 20 °dH hat, ist Enthärten generell ratsam.

Lockern, Jäten und Mulchen

»Einmal hacken, spart zweimal gießen«, besagt eine alte Gärtnerregel. Da ist viel dran, denn durch Auflockern der oberen Bodenschicht zerstören Sie feinste Kanäle, so genannte Haarröhrchen oder Kapillaren, über die das im Boden gespeicherte Nass verdunstet. Ein gut gelockerter Boden nimmt zudem das Regen- oder Gießwasser besser auf. Zugleich sorgen Sie durch regelmäßiges Hacken für eine Durchlüftung des Bodens. Das bekommt den Wurzeln ebenso gut wie den Mikroorganismen und Kleintieren im Boden, die organische Reste in Humus und pflanzenverfügbare Nährstoffe umwandeln.

Dieses Bodenleben mit seiner segensreichen Tätigkeit können Sie besonders fördern, indem Sie freie Bodenflächen mit organischem Material wie Rasenschnitt oder Rindenhumus abdecken. Solch eine als Mulch bezeichnete Bodendecke bewahrt, ebenso wie das Hacken, die Oberfläche vor dem Verkrusten, mindert die Verdunstung und unterdrückt Unkräuter. Zusätzlich reichert sie den Boden beim Verrotten mit wertvollem Humus an. Ein gelegentliches Hacken – etwa bevor eine neue Mulchschicht aufgetragen wird – ist trotzdem empfehlenswert, weil es den Boden gut durchlüftet.

Hacken – je regelmäßiger, desto müheloser

Eine Ziehhacke mit kurzem Hacken-blatt an zwei Bügeln, eine Stoßhacke mit allseits scharfen Kanten, ein Grubber mit 3 oder 5 Zinken oder ein Kultivator (wie Grubber, aber mit ver-breiterten Scharen an den Spitzen) – das sind die geeigneten Gerätschaften für das Lockern zwischen Beetreihen. Das Arbeiten mit diesen Geräten er-fordert umso wenigerKraftaufwand, je regelmäßiger sie zum Einsatz kom-men.

Wenn es zeitlich geht, lockere ich den Boden zwischen Gemüsereihen und auf anderen freien Flächen einmal die Woche. Spätestens aber dann, wenn Unkräuter sich breit zu machen be-ginnen, sollte die Hacke in Aktion tre-ten. Und möglichst auch nach jedem kräftigen Regen, sobald die oberste Schicht etwas abgetrocknet ist. Wenn die Oberfläche, gerade bei sehr tonhaltigen Böden, leicht verkrustet, ist häufigeres Hacken – oder aber

Mulchen – ganz besonders wichtig. Falls Sie nicht von der Beetseite her hacken können, arbeiten Sie »im Rückwärtsgang«, damit gelockerte Stellen nicht gleich wieder betreten werden. Achten Sie beim Hacken darauf, dass Sie die Pflanzen nicht verletzen. Bei Zwiebeln, Rüben und ähnlichen unterirdischen Organen ist besondere Vorsicht geboten! Ebenso bei ausgeprägten Flachwurz-lern (z. B. viele Beerensträucher). Hier ersetzt man dasHacken besser ganz durch Mulchen.

Mit Handgeräten geht's gezielter

Die übliche Reihenpflanzung beim Gemüse macht das
Arbeiten mit lang gestielten Geräten einfach. Zwischen
Sommerblumen, Stauden, Kleinsträuchern oder in
lockerer Anordnung gepflanzten Kräutern dagegen helfen
kurzstielige Handhacken oder Handgrubber, den Boden
gezielt zu lockern, ohne die Pflanzen zu verletzen.

➤ *Expertentipp*

> *Ich arbeite auch zwischen jungen,*
> *noch empfindlichen Gemüsepflanzen*
> *lieber mit Handgeräten.*

Mit Ausdauer gegen unerwünschte Kräuter

Hacken wie Mulchen helfen nur eingeschränkt gegen tief
wurzelnde Unkräuter, die sich aus im Boden verbliebenen Teilstücken schnell wieder regenerieren können.
Hier kommt es darauf an, die Wurzeln gründlich und
möglichst restlos zu entfernen – und dies regelmäßig zu
wiederholen. Dabei erweist sich ein Unkrautstecher nicht
nur im Rasen als nützlich.

➤ *Expertentipp*

> *Bei anhaltender Trockenheit jätet es*
> *sich am besten nach dem Gießen.*

Mulchen – wenig Arbeit, großer Nutzen

Rasenschnitt, abgeerntete Gründüngung, Gehölzlaub,
gehäckselter Baumschnitt, Stroh, Rindenhumus: All dies
sind Materialien, die sich zum Mulchen eignen.
Rindenmulch allerdings sollten Sie nicht unter frisch
gesetzten Pflanzen verwenden, da sein hoher Gerbsäure-
gehalt das Wachstum hemmen kann.
Beginnen Sie mit dem Mulchen am besten erst Ende Mai,
wenn die schlimmste Schneckenzeit vorbei ist. Bringen
Sie den Mulch nur relativ flach auf, um keine Mäuse an-
zulocken, und erneuern Sie die Schicht regelmäßig.

Blumen und Stauden: So blühen sie lange

Auf den ersten Blick sind die üblichen Pflegehandgriffe bei Sommerblumen und Stauden eher »kosmetischer« Natur. Tatsächlich dienen sie vorrangig dazu, die Attraktivität der Pflanzen zu erhalten und zu fördern – bis hin zur Verlängerung der Blütezeit durch Ausputzen oder gezielten Rückschnitt.

Und wenn Sie zusammen mit den welken Blüten auch gleich vertrocknete Blätter und abgestorbene Triebteile entfernen, beugen Sie damit auch Krankheiten vor.

Nicht zuletzt fallen einem bei solchen Pflegearbeiten – wenn sie regelmäßig durchgeführt werden – schon frühzeitig erste Anzeichen von Schädlings- und Krankheitsbefall auf, so dass man durch zeitiges Reagieren die Übeltäter oft noch leicht in den Griff bekommt und Schlimmeres verhüten kann.

 Das benötigen Sie

- Gartenmesser, Gartenschere, Spaten
- Stützstäbe, Stützringe
- Gartenschnur (Bast, Kunststoffschnur)

 Diese Zeit brauchen Sie

für ein 2 qm großes Blumen- oder Staudenbeet im Schnitt 15–30 Minuten pro Woche

 Der richtige Zeitpunkt

je nach Hauptwachstums- und Blütezeit von Frühjahr bis Herbst

Putzen Sie des Öfteren verwelkte Blüten aus

Es muss nicht jede welke Blüte sofort aus dem Blumenbeet entfernt werden, doch wenn Sie beim Gießen, Hacken oder Düngen ohnehin gerade »dran« sind, empfiehlt es sich, Verblühtes auszukneifen oder wegzuschneiden. Das sieht nicht nur schöner aus, sondern fördert auch die Anlage neuer Blütentriebe und -knospen. Denn aus den welkenden Blüten werden Früchte bzw. Samenstände, und die Pflanze konzentriert dann ihre Wuchskraft auf deren Ausreife, statt neuen Flor zu treiben. Bei manchen Sommerblumen und Stauden sind allerdings die Fruchtstände attraktiv oder gar erwünscht, so etwa beim Sonnenhut und beim Silberling, so dass man wenigstens in den letzten 1–2 Blütenmonaten nicht mehr eingreift.

Manche Stauden blühen zweimal im Jahr

Einige Stauden bringen nochmals einen zweiten Flor im Herbst, wenn sie nach der ersten Hauptblüte zurückgeschnitten werden. Bei den meisten dieser so genannten remontierenden Stauden können Sie recht radikal vorgehen und alle Triebe bis auf eine Handbreit über dem Boden einkürzen. Dies gilt für Rittersporn (*Delphinium*), Lupine (*Lupinus-Polyphyllus*-Hybriden), Bunte Margerite (*Tanacetum coccineum*), Sommermargerite (*Leucanthemum maximum*), Ziersalbei (*Salvia nemorosa*), Katzenminze (*Nepeta*), Brennende Liebe (*Lychnis chalcedonica*) und Trollblume (*Trollius europaeus*). Den Feinstrahl (*Erigeron*) kürzen Sie besser nur um etwa 1/3 ein. Versorgen Sie die Pflanzen gleich nach dem Rückschnitt mit Dünger oder Kompost.

Geben Sie großblütigen Blütenpflanzen eine Stütze

Höher wachsende Blumen und Stauden brauchen häufig eine Stütze, besonders wenn sie schwere Blüten bzw. Blütenstände zu tragen haben. Typische Kandidaten sind z. B. Sonnenblume, Rittersporn und Pfingstrose (*Paeonia*). Zum Stützen einzelner Triebe eignen sich dünne, aber stabile Bambus-, Holz- oder Metallstäbe, die nahe der Pflanze in den Boden gesteckt werden. Sie sollten so lang sein, dass sie nach dem Einstecken (für gute Standfestigkeit mindestens 20 cm tief) wenigstens 3/4 der Pflanzenhöhe erreichen. Binden Sie die Pflanzen mit Gartenschnur oder Bast in Abständen von etwa 30 cm an der Stütze fest. Damit die Pflanzen nicht eingeschnürt werden, bindet man sie am besten mit einer lockeren Achterschleife an.

So halten Sie breitwüchsige Blüher in Form

Ausladende, buschige Stauden wie etwa Flammenblume, Mädchenauge, Astern oder auch die Pfingstrose neigen mit zunehmendem Wachstum oft zum Auseinanderfallen. Damit die Pflanzen in Form bleiben, sollten Sie auch hier »stützend« eingreifen.

Stecken Sie rund um die Pflanze mehrere Stäbe in den Boden und umspannen Sie dann locker mit Hilfe dieses Gerüsts die gesamte Pflanze mit mehreren Schnüren. Stützen aus dem Fachhandel sind teils recht dekorativ (siehe Bild).

➤ *Expertentipp*

Praktische Hilfsmittel sind Stützringe, die man im Durchmesser verstellen kann.

Wenn Blumen zu »Unkraut« werden

Die Einstufung von Pflanzen als »Un-Kräuter« ist eine recht subjektive menschliche Sichtweise. Denn im Grunde fällt alles darunter, was nicht dort wächst, wo es soll – so auch die Nachkommenschaft von geschätzten Blühern wie Stockrose, Akelei (*Aquilegia*) oder Fingerhut (*Digitalis*), die sich gern überreich von selbst aussäen. Wo die »wilden« Blumensämlinge andere Pflanzen bedrängen, bleibt Ihnen nur das regelmäßige Ausrupfen. In Bedrängnis geraten manche Gewächse auch durch wuchernde Stauden, insbesondere durch Ausläufer bildende Bodendecker und breitwüchsige Polsterstauden. Auch hier sollten Sie rechtzeitig einschreiten – mit der Gartenschere oder auch gleich mit dem Spaten, um vorwitzige Pflanzenteile komplett abzustechen.

Handgriffe, die eine reiche Ernte fördern

Neben Gießen, Düngen, Hacken und Mulchen gibt es noch so manches, das Sie tun können, um die Ernte von schmackhaftem Gemüse und Obst zu fördern und zu sichern.

Abgesehen vom rechtzeitigen Ausdünnen eng bewachsener Saatreihen, handelt es sich vor allem um Maßnahmen, die nur bestimmte Gemüse- und Obstarten betreffen.

Im Hinblick auf die Ernte ist außerdem gerade bei Gemüse, Kräutern und Obst ein besonders wachsames Auge auf Schädlinge und Krankheiten erforderlich. Ich ärgere mich zwar auch, wenn ich die Blütenpracht von Rosen oder Stauden wegen eines starken Befalls nur kurze Zeit ungetrübt genießen darf. Doch noch viel mehr Verdruss bereiten massiv auftretende Plagegeister – oft eine Folge extremer Sommerwitterung – bei Nutzpflanzen, weil so zuweilen fast die komplette Ernte ausfallen kann. Vorbeugungsmaßnahmen wie etwa das Ausbringen von Pflanzenstärkungsmitteln sind deshalb im Nutzgarten besonders wichtig (siehe auch Seite 84–87).

Ausdünnen schafft Platz zum Wachsen

Was immer Sie im Lauf des Sommers nachsäen: Denken Sie stets an das rechtzeitige Ausdünnen der aufgehenden Saat. Es ist zwar schade, einen Teil der Sämlinge auf den Kompost zu werfen. Doch andernfalls kann die ganze Ernte ausbleiben, weil sich die Pflanzen bei zu engem Stand nicht richtig entwickeln. Ziehen Sie die überzähligen Sämlinge ab etwa 2–3 cm Wuchshöhe vorsichtig heraus. Drücken Sie dann die Erde um die verbleibenden Pflanzen etwas an. Bei sehr dicht stehenden Saaten (z. B. Möhren) macht man dies am besten in mehreren Etappen, wobei man jeweils die schwächsten Sämlinge entfernt.

Anhäufeln: für stabilen Stand und gegen das Vergrünen

Unter Anhäufeln versteht man das Heranziehen von gelockerter Erde an die Stängelbasis der Pflanzen. Das erhöht bei Tomaten, Gurken, Bohnen und Kohl die Standfestigkeit und fördert die Ausbildung zusätzlicher, dem Spross entspringender Wurzeln. Beim Lauch erhalten Sie durch Anhäufeln schöne weiße Stangen, bei Möhren und Kartoffeln ist es nötig, damit sich das Erntegut nicht grün verfärbt. Man häufelt an, sobald die Jungpflanzen voll entwickelt sind, und wiederholt dies bei Bedarf mehrmals.

Ausgeizen: bei Stabtomaten unverzichtbar

Aus den Verzweigungsstellen zwischen Hauptspross und Blattstielen wachsen schon bei jungen Tomatenpflanzen Seitentriebe (Geiztriebe). Anders als bei Buschtomaten bereiten diese Triebe bei hohen Stabtomaten bald Probleme: Sie sind sehr wüchsig, konkurrieren schnell mit dem Haupttrieb und verzögern Fruchtbildung und Reife. Entfernen Sie deshalb solche Geiztriebe früh und regelmäßig. Packen Sie die Triebe möglichst weit unten, nahe an der Ansatzstelle, und brechen Sie sie mit vorsichtigem Ruck nach der Seite aus. Auch ein sauberer Wegschnitt mit dem Messer ist möglich.

Obstbaumzweige ab- oder aufspreizen

Der Winkel, in dem ein Ast oder Zweig am Obstbaum bzw. an dessen Ästen steht, entscheidet darüber, wie er wächst: Steil stehende Triebe legen besonders stark an Länge zu, flach stehende dagegen wachsen schwach. Dafür bilden sich auf den Oberseiten waagrecht stehender Seiten- und Fruchtzweige oft besonders reichlich Blütenknospen. Durch Herab- oder Hochbinden bzw. -spreizen junger, noch elastischer Triebe im Sommer können Sie deshalb den Wuchs ganz ohne Schnitt in die gewünschte Richtung lenken. Besser als das Binden, das zu starken Einschnürungen führen kann, ist die Verwendung von Spreizhölzern oder Baumklammern aus dem Fachhandel.

Brombeeren aufbinden und Geiztriebe schneiden

Die wüchsigen Brombeerruten sollten im Sommer immer wieder am Drahtgerüst aufgebunden werden. Ihre Geiztriebe, die aus den Blattachseln entspringen, kürzen Sie auf 2–4 Knospen ein, wenn sie etwa 40 cm lang sind.

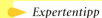 *Expertentipp*

Sorgen Sie durch Gießen und Mulchen für gleichmäßige Feuchte während der Fruchtbildung und -reife.

Rosen und Ziersträucher: Sommerschnitt

Die Gartenschere hat nicht nur bei Schnittmaßnahmen im Spätwinter oder Frühjahr ihre große Zeit. Auch über Sommer gehört sie zu den wichtigsten Utensilien der Pflanzenpflege. Ich habe eigentlich ständig eine Schere griffbereit – überall gibt es mal einen abgeknickten Zweig, einen besonders vorwitzigen Trieb oder eine abgestorbene Holzpartie wegzuschneiden.

Das »Schnippeln« möchte ich damit freilich nicht empfehlen. Denn wenn man häufig Triebspitzen und Zweige nach Belieben einkürzt, führt das leicht zu unharmonischem Wuchs mit besenartigem Neuaustrieb.

Achten Sie darauf, dass Scheren und Sägen stets gut scharf sind, und wischen Sie die Klingen bzw. Sägeblätter nach jeder Schnittaktion gründlich ab, um der Verbreitung von Krankheiten vorzubeugen.

 Das benötigen Sie

- Gartenschere, Astschere mit langen Holmen, Astsäge und/oder kleine Baumsäge
- scharfes Gartenmesser zum Nachschneiden von Wunden
- Wundverschlussmittel für größere Schnittwunden
- Gießkanne oder Schlauch
- Spaten zum Freilegen von Wildtrieben

 Diese Zeit brauchen Sie

15–30 Minuten zum Auslichten eines Strauchs

 Der richtige Zeitpunkt

Juni–September, je nach Blütezeit

Wegschnitt welker Blüten verlängert den Rosenflor

Die meisten modernen und auch manche ältere Rosensorten gehören zu den Öfterblühenden, d. h., sie bringen bis in den Herbst hinein immer wieder neue Blüten hervor. Dies können Sie noch fördern, indem Sie die verwelkten Blüten stets herausschneiden, bei Edel- und Beetrosen ebenso wie bei öfter blühenden Strauch- und Kletterrosen. Blühen die Rosen in Büscheln, dann warten Sie am besten, bis der ganze Blütenstand welk ist, um ihn dann komplett zu entfernen.

Schneiden Sie die welken Blüten bzw. Blütenstände direkt über dem ersten voll ausgebildeten Laubblatt weg. Solch ein Blatt setzt sich aus 5 Teilblättchen zusammen. Oft stehen gleich unterhalb der Blüte noch 2 oder 3 schwächer entwickelte Blätter, die Sie mit entfernen.

Diese Maßnahme, die auch als Sommerschnitt bekannt ist, führt man regelmäßig bis etwa Mitte September durch.

Bei einmal blühenden Strauch- und Kletterrosen, deren kräftiger Flor sich weitgehend auf den Juni beschränkt, und bei Wildrosen können Sie die welken Blüten belassen, denn häufig bilden sich daraus im Herbst zierende Hagebutten.

 Expertentipp

Schneiden Sie auch bei Flieder die Rispen gleich nach dem Verblühen heraus. Bei Rhododendren entfernt man verwelkte Blütenstände durch vorsichtiges Ausbrechen.

Entfernen Sie Wildtriebe schon frühzeitig

Fast alle Gartenrosen sind auf eine Wildrosenunterlage veredelt. Aus dieser treiben öfter – teils schon im Mai – Wildlingstriebe aus, die man am helleren Grün und den kleineren Blättern erkennt. Da sie der robusten, wüchsigen Unterlage entstammen, machen sie der aufveredelten Sorte leicht Konkurrenz, wenn man sie gewähren lässt.

Graben Sie die Erde vorsichtig auf, damit Sie die Wildtriebe direkt an ihrer Ansatzstelle am Wurzelstock entfernen können. Am besten geschieht dies durch Abreißen mit einem kräftigen Ruck.

Auch Obstgehölze und andere veredelte Ziergehölze treiben aus ihrer Unterlage Wildtriebe. Häufig veredelt sind z. B. Flieder, Zierkirsche, Zierapfel, manche Ahorne und Blauregen (Glyzine).

Sträucher auslichten – am besten gleich nach der Blüte

Im Lauf des Juli, spätestens im August, verabschiedet sich der Sommerflor vieler Blütensträucher. Nun ist ein guter Zeitpunkt, um sie gleich auszulichten – nicht zuletzt, weil man noch gut weiß, welche Zweige kaum mehr Blüten gebracht haben. Die meisten dieser Sträucher erneuern sich wie die Forsythie (siehe Seite 43) durch Bodentriebe und blühen hauptsächlich an einjährigen Langtrieben sowie an den ein- bis zweijährigen Seitenzweigen. Schneiden Sie deshalb alle 2–3 Jahre einige der ältesten Zweige heraus, dies möglichst weit unten.

➤ *Expertentipp*

Abgestorbene, beschädigte oder sich gegenseitig stark bedrängende Triebe entfernen Sie am besten jährlich.

So kürzen Sie lange Bogentriebe richtig ein

Die langen Triebe von Sträuchern wie Deutzie, Pfeifenstrauch, Weigelie oder Forsythie hängen oftmals bald bogenförmig über. An der höchsten Stelle dieser Bögen, dem Scheitel, erscheinen dann die meisten Blüten und häufig auch reichlich Neutriebe. Wenn solche Bogentriebe im Flor nachlassen, unansehnliche »Triebbesen« ausbilden oder einfach stören, wählen Sie einen kräftigen, aufrecht wachsenden Seitentrieb im Scheitelbereich. Direkt hinter diesem schneiden Sie dann den herabhängenden Teil des Bogentriebs weg – dann geht es wortwörtlich wieder aufwärts, mit der Wuchsrichtung und mit der Blühfreude.

Der Rasen – so bleibt er gepflegt

Wenn Sie einen robusten Gebrauchsrasen haben, muss er nicht ganz so pingelig gepflegt werden wie etwa ein repräsentativer Zierrasen oder das »Green« der Golfplätze. Doch regelmäßiges Mähen, Beregnen, Düngen und Vertikutieren verhilft Ihrem grünen Teppich nicht nur zu einer dichten, ansprechenden Grasnarbe, sondern erhält und fördert auch seine Belastbarkeit.

Je nach Witterung beginnt die Rasen- und damit die Mähsaison gegen Mitte April und hält bis in den Oktober hinein an. Falls Sie mit Zwiebelblumen bunte Frühjahrsakzente im Rasen gesetzt haben, mähen Sie zunächst vorsichtig um das welkende Laub herum, bis es schließlich ganz abgestorben ist. Ab Frühsommer bis etwa Ende August wird für einen gut gepflegten Rasen wöchentlich wenigstens ein Schnitt fällig. Danach können die Mähintervalle wieder größer werden.

Zögern Sie den letzten Schnitt im Spätjahr nicht allzu lange hinaus. Denn anhaltende Regenfälle oder früh einsetzende Fröste machen dann häufig das Mähen unmöglich – und mit zu langen Gräsern ist der Rasen ebenso schlecht für den Winter gewappnet wie mit zu kurzen.

Wenn kahle Stellen auftreten, lassen sich diese durch Einsetzen neuer Fertigrasen-Soden oder durch Nachsäen reparieren, am besten im April oder Mai.

Wie und wie stark mähen?

Bei den meisten Rasenmähern lässt sich die Schnitthöhe verstellen, so dass Sie je Rasenart und Wetter gezielt die Graslänge wählen können.

Den üblichen Gebrauchsrasen schneiden Sie am besten bei 6–8 cm Höhe auf 4 cm zurück. In sommerlichen Hitzeperioden kann er ruhig auch etwa 6 cm hoch bleiben, das bewahrt die Grasnarbe vor schnellem Austrocknen. Schneiden Sie auch im Herbst nicht allzu kurz, um einem Ausfrieren der Gräser vorzubeugen. Falls der Rasen im Frühjahr – oder z. B. auch nach einem Urlaub – recht hoch gewachsen ist, empfiehlt sich das Einkürzen in zwei oder drei Etappen. Mit einem guten, leistungsstarken, wendigen Rasenmäher ist der Rasenschnitt keine allzu mühsame Angelegenheit: Rechteckige Flächen lassen sich durch Hin- und Herfahren in direkt nebeneinander liegenden Bahnen gut gleichmäßig schneiden. Mähen Sie dann beim nächsten Mal

möglichst quer zur vorherigen Arbeitsrichtung. Am meisten Arbeit machen unregelmäßige Umrisse, Gehölze oder kleine Beete im Rasen sowie die Ränder, falls hier nicht ebenerdig eingesetzte Platten als befahrbare Mähkante dienen. Sehr hilfreich bei solchen »Problemzonen« ist ein Rasentrimmer (Elektrosense). Wenn Sie nicht mit Fangsack mähen, sollten Sie bei feuchtem Wetter das Mähgut abrechen; bei Trockenheit kann es liegen bleiben, falls es nicht allzu viel ist.

Beregnen – mit Maß und Ziel

Falls die Rasenfläche im Sommer einige Tage nicht ganz
so sattgrün aussieht, ist das nicht tragisch. Angesichts der
hohen Wasserpreise und der beträchtlichen Wasserres-
sourcen, die durch Rasenregner »verschleudert« werden,
nehmen das viele Gärtner vorübergehend in Kauf. Ver-
bräunen darf das Gras freilich nicht, und Neurasen sollten Sie auch keine längeren Durststrecken zumuten.
Für effektives und Wasser sparendes Beregnen empfehle
ich dasselbe wie für das Gießen allgemein: nur morgens
oder abends wässern, und dies in größeren Abständen
gründlich, statt häufig kurz mal den Regner anzustellen.

Wann muss der Rasen gedüngt werden?

Häufiges Mähen macht einen regelmäßigen Nährstoff-
nachschub erforderlich. Verwenden Sie nur speziellen
Rasendünger. Die erste Düngergabe verteilt man – am
einfachsten mit einem Streuwagen – im Frühjahr nach
dem ersten Mähen, die zweite folgt im Juni. Eine dritte
Gabe im Spätsommer kann nützlich sein, aber auch
heikel werden, wenn die Gräser zu »mastig« in die kalte
Jahreszeit gehen.

 Expertentipp

> *Wässern Sie den Rasen bei Trocken-*
> *heit nach dem Düngen gründlich*
> *(Regner etwa 1 Stunde laufen lassen).*

Vertikutieren – und Ihr Rasen atmet auf

Auch bei guter Pflege bildet sich mit der Zeit am Boden
ein Filz aus abgestorbenen Grasresten. An feuchteren
Stellen und nach nassen Perioden wächst außerdem
häufig Moos. Hier schafft ein hand- oder motorbetriebe-
ner Vertikutierer Abhilfe: Er reißt mit seinen scharfen
Messern Filz und Moos heraus, die Grasnarbe wird gut
durchlüftet und wächst wieder dichter.
Das Vertikutieren empfiehlt sich wenigstens alle 2 Jahre
im späten Frühjahr oder Frühsommer, gleich nach dem
Mähen. Rechen Sie danach den Rasen gründlich ab.

So halten Sie Ihre Hecken in Form

Schnitt- oder Formhecken müssen jedes Jahr etwas gestutzt werden, damit sie dicht und gleichmäßig wachsen. Bei noch jungen Hecken sind sogar oft zwei – allerdings nicht allzu kräftige – Schnitte im Jahr empfehlenswert, damit sie sich gut verzweigen. Auch ältere Hecken können zweimal jährlich unter die Schere kommen.

Hecken sind beliebte Vogelbrutplätze. Nehmen Sie deshalb Rücksicht auf die gefiederten Gäste und schneiden Sie nur außerhalb der Hauptbrutzeit. Die beginnt im späten Frühjahr und kann bis Ende Juli reichen.

Vermeiden Sie bei der Arbeit mit Elektro- oder Motorheckenscheren jedes unnötige Risiko und verwenden Sie nur einwandfrei funktionierende, sicherheitsgeprüfte Qualitätsgeräte.

 ### Das benötigen Sie

- Heckenschere, Astschere, Gartenschere
- Ast- oder kleine Baumsäge für frei wachsende Hecken
- stabile Stehleiter
- Gartenhandschuhe, feste Kleidung

 ### Diese Zeit brauchen Sie

ca. 20 Minuten je Heckenmeter (Schnitthecken)

 ### Der richtige Zeitpunkt

sommergrüne Schnitthecken: ab Ende Juli, ein zweiter Schnitt, falls nötig, im Frühjahr

immergrüne Schnitthecken: im August oder im Frühjahr vor dem Austrieb

Frei wachsende Hecken: gelegentlich auslichten

Bei Hecken, die aus verschiedenen Sträuchern bestehen, ist die elektrische Heckenschere fehl am Platz, hier müssen die Gehölze ganz individuell, gemäß ihrem jeweiligen Wuchstyp geschnitten werden (siehe auch Seite 42/43 und 78/79 sowie Hinweise in den Pflanzenporträts). In der Hauptsache sollten überalterte, abgestorbene und ungünstig wachsende Triebe herausgeschnitten werden (bei Blütensträuchern gleich nach der Blüte). Wenn in der Hecke Vögel brüten, sollten Sie den Schnitt besser in das zeitige Frühjahr oder in den Herbst verlegen.

 Expertentipp

Lichten Sie am besten im ein- bis zweijährigen Turnus jeweils nur einen Teil der Heckensträucher aus.

Heckenschere: schneiden ohne Kabelsalat

Kleinere Schnitthecken lassen sich recht gut mit einer Handhecken- oder Astschere schneiden. In den ersten Jahren ist ein Schnitt per Hand ohnehin empfehlenswert, da die Hecke meist noch recht ungleichmäßig wächst.

Für größere, dichte Hecken bietet jedoch die elektrische Heckenschere eine deutliche Arbeitserleichterung. Allerdings muss man ständig aufpassen, dass einem das Kabel nicht in die Quere kommt. Befestigen Sie deshalb das Kabel so am Gürtel oder Hosenbund, dass Sie nur noch ein kurzes, frei bewegliches Stück vor sich haben.

Als Alternativen gibt es Heckenscheren mit Akkus, die allerdings recht häufig aufgeladen werden müssen, oder mit Benzinmotoren, die oft ziemlich schwer und laut sind.

Das Schnittziel: rundum gut belichtet

Laubholzhecken entwickeln sich auch bei Schnitt in Kastenform (also mit senkrecht abfallenden Seiten) noch recht gut. Im Allgemeinen, ganz besonders aber bei immergrünen Hecken, ist ein trapezförmiger Querschnitt, der sich von unten nach oben verschmälert, empfehlenswerter. Er gewährleistet am besten, dass auch die Heckenbasis noch genügend Licht abbekommt und nicht verkahlt.

Die Heckenoberfläche wird meist gerade, also eben geschnitten. Wenn Sie aber in einer Gegend mit reichlich Schneesegen im Winter wohnen, würde ich eher eine gewölbte, im Profil halbkreisförmige Heckenkrone empfehlen: So rutscht der Schnee leicht ab und kann weniger Schaden verursachen.

Mit einer Schablone geht der richtige Schnitt leichter

Wer zum ersten Mal eine Hecke schneidet, wird schnell feststellen: Es ist gar nicht so einfach, die bei Trapezform abgeschrägten Seiten und die Heckenkrone wirklich gerade hinzubekommen. Als sehr hilfreich erweist sich hier eine Schnittschablone aus schräg eingeschlagenen (unten angespitzten) Latten bzw. schlanken Pfosten und daran aufgespannten kräftigen Schnüren oder Drähten. Den leichten Neigungswinkel der Latten, der für die Trapezform erforderlich ist, können Sie per Augenmaß ausrichten. Genauer wird es allerdings mit einem Zollstock, mit dessen Hilfe Sie die Querabstände der Latten vor und hinter der Hecke in verschiedenen Höhen angleichen. Erst wenn die Latten zufrieden stellend ausgerichtet sind, werden sie tiefer in den Boden ge-

drückt oder mit dem Hammer eingeschlagen. Für rundliche, gewölbte Heckenkronen können Sie zusätzlich eine Schablone aus gebogenem Draht aufsetzen.

Verwenden Sie bei höheren Hecken eine stabile, sicher stehende Leiter. Das häufige Umstellen bei langen Hecken ist zwar etwas lästig, doch schneiden Sie immer nur, was Sie in Armlänge gut erreichen und nie »über Kopf«. Dies ist zwar vor allem wichtig, um Unfälle zu vermeiden, macht aber auch den geraden, akkuraten Schnitt einfacher.

▶ Expertentipp

Führen Sie die Heckenschere stets mit zwei Händen. Das kommt der Sicherheit ebenso zugute wie einem präzisen Schnitt.

Was tun bei Krankheiten und Schädlingen?

Kaum etwas kann einem das Gärtnern so verleiden wie Pflanzenschädlinge und Krankheiten. Und leider treten sie in manchen Jahren – da witterungsabhängig – recht stark und in unerfreulichen Mengen auf.

Doch wenn Sie Ihre Pflanzen von Anfang an gut pflegen, ihnen den passenden Standort gönnen und sie nicht zu eng setzen, dann haben Sie schon eine wichtige Vorbeugungsmaßnahme getroffen. Kräftige, vitale Pflanzen werden im Allgemeinen weniger befallen und erholen sich schneller, falls es doch einmal passiert. Viel Ärger können auch resistente Sorten ersparen, die gegen bestimmte Krankheiten besonders widerstandsfähig sind.

Wichtige Nützlinge

- Vögel, Spitzmäuse, Kröten, Frösche und Eidechsen: fressen vielerlei Insekten und Schnecken
- Igel: vertilgen Insekten, Schnecken und sogar Wühlmäuse
- Laufkäfer: räubern Schnecken und Würmer
- Florfliegen, Schwebfliegen, Marienkäfer (besonders ihre Larven): sind fleißige Blattlausvertilger
- Schlupfwespen: parasitieren Schmetterlingsraupen und andere Insekten
- Raubwanzen: jagen Insekten und Spinnmilben
- Spinnen: fressen vielerlei Insekten

Fördern Sie die natürlichen Gegenspieler

In der Natur haben fast alle Schädlinge ihre Gegenspieler, die wir als Nützlinge einstufen. Unterstützen können Sie die Nützlinge vor allem durch eine vielseitige Bepflanzung mit reichlich naturnahen Stauden und Gehölzen, die ihnen Nahrung und Unterschlupf bieten, sowie durch Ecken mit geduldetem Wildwuchs und Holz- oder Steinhaufen. Tontöpfe an Ästen mit der Öffnung nach unten aufgehängt und mit Holzwolle gefüllt, bieten Verstecke für Ohrwürmer, die dann Läuse auf den Gehölzen reduzieren.

► Expertentipp

Verwenden Sie möglichst selten breit wirksame Pflanzenschutzmittel, sondern bevorzugen Sie nützlingsschonende Präparate.

Schutznetze gegen Gemüsefliegen & Co.

Zum Schutz gegen Gemüsefliegen, die ihre Eier an jungen Gemüsepflanzen ablegen und deren Larven dann kräftig am zarten Pflanzengewebe fressen, bietet der Fachhandel feinmaschige Kunstfasernetze (Kulturschutznetze) an. Diese Netze bewahren die Pflanzen auch vor anderen anfliegenden Schädlingen. Breiten Sie die Netze gleich nach dem Säen oder Pflanzen locker über gefährdeten Beeten aus und befestigen Sie sie rundum eindringsicher, etwa durch Auflegen von Brettern und Steinen. Für höher wachsende Gemüse können Sie die Netze auch über Drahtbügel oder die Bögen eines Folientunnels spannen. Denselben Zweck erfüllen auch Abdeckvliese (siehe Seite 38), im Sommer jedoch wird es unter ihnen für die Pflanzen zu warm.

So gehen Ihnen Schädlinge auf den Leim

Leimringe schützen Obstbäume recht zuverlässig vor dem Frostspanner, einem gefürchteten Schädling beim Apfel und anderen Obstarten. Die Raupen dieses kleinen Schmetterlings können im Frühjahr ganze Bäume kahl fressen.

Im Oktober kriechen die ungeflügelten Weibchen an den Stämmen hoch, um ihre Eier abzulegen.Wenn Sie nun gegen Ende September die mit Leim beschichteten Ringe gemäß den Herstellerangaben dicht anliegend an den Stämmen befestigen, sorgen Sie für eine wirkungsvolle Barriere.

Mit Leim bestrichene Gelbtafeln lassen sich zum Fangen von Kirschfruchtfliegen einsetzen.

Im Gewächshaus helfen gelbe Leimtafeln gegen Weiße Fliegen, blaue locken Thripse an.

Entfernen Sie befallene Pflanzenteile frühzeitig

Manchmal lassen sich Krankheiten und Schädlinge schon sehr gut eindämmen, wenn Sie die ersten Blätter, Triebe, Blüten oder Früchte mit Befallsanzeichen oder starkem Schädlingsbesatz konsequent weg- oder zurückschneiden.

Und so schwer es manchmal fällt: Gerade bei ernsthaften Pilz-, Bakterien- oder Viruskrankheiten ist es oft am besten, befallene Pflanzen – auch Gehölze – komplett zu entfernen, noch ehe sie andere Pflanzen anstecken können.

▶ Expertentipp

Schneiden Sie kranke Triebe stets so weit zurück, dass innen keine Symptome, wie etwa braune Verfärbungen, mehr zu erkennen sind.

So wenden Sie Pflanzenschutzmittel richtig an

Setzen Sie Pflanzenschutzmittel stets nur für den zugelassenen Anwendungsbereich ein und beachten Sie die Dosierungsangaben, Anwendungs- und Sicherheitshinweise des Herstellers genau.

Vorrangig empfehlen sich Mittel, die gezielt nur gegen bestimmte Schädlinge oder Krankheiten wirken und Bienen sowie Nützlinge schonen.

Verwenden Sie nur geeignete, sicherheitsgeprüfte Pflanzenschutzspritzen und tragen Sie beim Ausbringen Handschuhe sowie feste Kleidung – falls nötig, auch eine Schutzmaske.

Spritzen Sie nur bei Windstille und leicht bedecktem Himmel.

Sofern die Anwendungsempfehlungen nichts anderes besagen, spritzt man die Blätter tropfnass, unbedingt auch auf den Unterseiten.

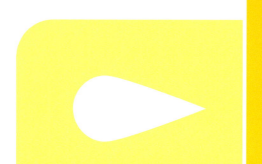

Blattläuse

1–5 mm große, grüne, schwarze oder graue Insekten, in Kolonien, vor allem an jungen Triebspitzen und Blattunterseiten sitzend und saugend; Blätter oft eingerollt, gekräuselt, klebrig, häufig mit schwarzem Pilzbelag.

Das können Sie tun:

Spritzen Sie robuste Pflanzen öfter mit scharfem Wasserstrahl ab; streifen Sie bei geringem Befall die Schädlinge mit den Fingern ab; stark befallene Triebe am besten ganz abschneiden; notfalls bienen- und nützlingsschonende Präparate einsetzen.

Schmetterlingsraupen

2–5 mm lang, grün, gelb, braun oder weiß; verursachen Blattfraß oder Einrollen der Blätter; häufig sind Raupen von Kohlweißling, Kohleule, Frostspanner, Schwammspinner, Apfel- und Rosenwickler.

Das können Sie tun:

Oft reicht schon frühzeitiges, regelmäßiges Ablesen der Raupen; bei starker Plage helfen oft Bacillus-thuringiensis-Präparate. Bringen Sie gegen Frostspanner im Herbst Leimringe an den Obstbäumen an.

Schnecken

Hauptsächlich schaden die 3–15 cm langen Nacktschnecken (ohne Gehäuse); starker Fraß vor allem an jungen Blättern, Trieben, Knospen; oft an glänzenden Schleimspuren erkennbar; leben tagsüber versteckt.

Das können Sie tun:

Gefährdete Beete können Sie durch Schneckenzäune schützen. Sammeln Sie vorbeugend Eigelege (kleine weiße Knäuel) im Boden und Kompost auf und entfernen Sie diese. Schnecken lassen sich morgens unter Brettern absammeln; ansonsten ungiftige Schneckenköder ausstreuen.

Wühlmäuse

Bis 20 cm große Nager, die ein verzweigtes unterirdisches Gangsystem anlegen; fressen vor allem Blumenzwiebeln und Wurzeln, oberirdische Teile welken ohne sichtbare Ursache.

Das können Sie tun:

Zerstören Sie die unterirdischen Gänge regelmäßig. Kaiserkrone und Knoblauch sollen Wühlmäuse vertreiben, die Erfahrungen sind jedoch unterschiedlich, ebenso mit käuflichen Vergrämungsmitteln. Notfalls Wühlmausfallen einsetzen.

Häufige Schädlinge und Krankheiten

Echter Mehltau

Schadpilz, bildet weißlichen, mehligen Belag auf Blattoberseiten, Blüten und Knospen; Belag leicht abwischbar, verfärbt sich mit der Zeit graubraun; an zahlreichen Zier- und Nutzpflanzen, auch Gehölzen.

Das können Sie tun:

Verwenden Sie resistente Sorten, soweit verfügbar; achten Sie auf ausgewogene Düngung und pflanzen Sie nicht zu dicht. Auch Pflanzenstärkungsmittel beugen vor. Entfernen Sie bei Befall kranke Teile und setzen Sie Lecithin- oder Schwefelpräparate ein.

Falscher Mehltau

Schadpilz, bildet grauen oder graubraunen Belag auf Blattunterseiten, oberscits gelbe Flecken; Blätter sterben bald ab; tritt vor allem an Blumen, Salat, Spinat und Gurken auf.

Das können Sie tun:

Wählen Sie vorbeugend resistente Sorten, achten Sie auf ausgewogene Düngung, pflanzen Sie nicht zu dicht, halten Sie die Pflanzen nicht zu feucht. Entfernen Sie kranke Teile und setzen Sie notfalls spezielle Präparate ein; auch mehrmalige Spritzungen mit Knoblauchbrühe helfen.

Grauschimmel

Schadpilz, bildet braungraue, schmierige Beläge auf Blättern und anderen Pflanzenteilen; tritt öfter nach Dauerregen auf, vor allem an Erdbeeren, Tomaten, Gurken und Blumen; besonders an verletzten und/oder geschwächten Pflanzen.

Das können Sie tun:

Auch hier gilt: vorbeugend auf optimale Düngung achten, nicht zu dicht pflanzen. Entfernen Sie frühzeitig befallene Teile und halten Sie die Pflanzen trockener; mehrmals mit Pflanzenstärkungsmitteln behandeln.

Wuchsstörungen

Kümmerwuchs, Wachstumsstockungen oder Welke ohne ersichtlichen Grund können sehr verschiedene Ursachen haben: z. B. Verdichtung, Staunässe, Bodenpilze, Bakterien, Nematoden oder Wühlmäuse.

Das können Sie tun:

Graben Sie vorsichtig die Erde um die Pflanze auf und untersuchen Sie Wurzeln und Boden nach Ursachen. Wenn nichts erkennbar ist, holen Sie am besten Beratung ein (Pflanzenschutzdienste, Fachverkäufer); entfernen Sie kranke Exemplare und wechseln Sie bei Neupflanzung den Platz.

Maßvoll düngen, kräftig ernten

»Das Ernten ist die schönste Garten-arbeit«, sagen manche Freizeitgärt-ner. Wer gern Gemüse, Kräuter und Obst anbaut, wird das sicher bestä-tigen, geht doch nichts über Frisches direkt aus dem Garten auf den Tisch. »Arbeit« ist das Ernten aber schon: Gerade wenn im Spätsommer und Frühherbst viele Gemüse und zu-gleich die ersten Früchte reifen, hat man schon alle Hände voll zu tun. Und oft ist dann auch ein zügiger Ernteeinsatz gefragt.

Damit alljährlich reiche Ernten winken, ist eine Düngung auf Dauer unerlässlich. Jede Ernte bedeutet ja auch ein »Abräumen« von Pflanzensubstanz und den darin enthaltenen Nährstoffen. Durch das Düngen geben Sie dem Boden zurück, was ihm entnommen wurde. Von dem früheren Grundsatz »viel hilft viel« hat man sich allerdings schon längst verabschiedet. Heute ist vorwie-gend maßvolle, nachhaltige Nährstoffversorgung ange-sagt, wobei der Kompost – als kostenloses Dünge- und zugleich Bodenverbesserungsmittel – eine besonders wichtige Rolle spielt. Freilich brauchen nicht nur Nutz-pflanzen Dünger: Blumen, Stauden und Gehölze wachsen und blühen am schönsten, wenn sie ebenfalls mit ausge-wogenen Nährstoffgaben bedacht werden.

Wohin mit dem Erntesegen?

Nicht nur als Garteneinsteiger wird man in guten Jahren manchmal regelrecht erschlagen, wenn sich Gemüsebeete, Obststräucher und -bäume außerordentlich produktiv zeigen. Dann müssen Sie schon etwas Zeit für das Verar-beiten des Erntesegens reservieren.

Die meisten Gemüse sowie manche Früchte lassen sich gut einfrieren, und bei richtiger Verarbeitung bleibt auch ein Großteil der Vitamine erhalten. Weitaus weniger vita-minschonend, aber ansonsten bewährt ist das Einkochen von Obst bzw. das Verarbeiten zu Gelee, Marmelade und Saft. Falls Sie über einen dunklen, gut lüftbaren, nicht all-zu trockenen Kellerraum verfügen, der sich ab Herbst bei einer Temperatur von 3–5 °C halten lässt, können Sie sich glücklich schätzen: Das ist für die längere Lagerung von haltbarem Erntegut ideal. Achten Sie jedoch darauf, dass Gemüse nicht zusammen mit Äpfeln untergebracht wer-den sollte. Wurzelgemüse, Kohl und Lauch können Sie schließlich auch – in Sand eingebettet – über Winter in einem gut abgedeckten Frühbeet im Garten lagern.

Düngen: Pflanzen bedarfsgerecht ernähren

Pflanzenernährung – so wird das Düngen in der Fachsprache recht anschaulich bezeichnet. Zwar müssen Pflanzen nicht »essen«, weil sie energiereiche Kohlenhydrate wie Zucker und Stärke, die wir mit der Nahrung aufnehmen, selbst aufbauen können. Dazu befähigt sie die Photosynthese, bei der alle grünen Teile quasi die Lichtenergie der Sonne aufnehmen und speichern. Als »Rohstoffe« benötigen sie lediglich Kohlendioxid aus der Luft und Wasser aus dem Boden.

Doch für Wachstum und Stoffwechsel brauchen sie eine Vielzahl weiterer Nährstoffe, die sie hauptsächlich aus dem Boden aufnehmen. Die Vorräte im Boden sind aber begrenzt. Schließlich entnehmen wir ja auch durch Ernten, Schneiden und das Abräumen von Beeten immer wieder Pflanzenteile mitsamt den darin enthaltenen Nährstoffen. Deshalb sollten die Bodenreserven von Zeit zu Zeit durch Düngen ergänzt werden.

Gründüngung: fruchtbarer Boden

Eine Gründüngung reichert den Boden nicht nur mit Nährstoffen an, sondern verbessert ihn auch nachhaltig. Hierzu werden Pflanzen wie Wicken, *Phacelia* oder Senf ausgesät, die in kurzer Zeit reichlich Blattmasse bilden und mit ihren Wurzeln den Boden aufschließen. Man sät sie je nach Art zwischen April und Anfang September auf freie Flächen. Spätestens vor der Samenbildung werden sie abgemäht, sofern sie nicht – bei Spätsaat – über Winter abfrieren. Nach dem Abrechen grober Pflanzenteile arbeitet man die Reste mit Grubber oder Grabegabel ein und lässt sie vollständig verrotten, ehe die Fläche dann neu eingesät oder bepflanzt wird.

Welche Nährstoffe brauchen die Pflanzen?

Stickstoff (chemische Abkürzung N), Phosphor (P) und Kalium (K) sind die drei so genannten Kernnährstoffe, deren Namen Sie fast auf jeder Düngerpackung finden. Daneben gibt es noch weitere **Hauptnährstoffe**, die die Pflanzen in größeren Mengen benötigen, nämlich Magnesium (Mg), Kalk bzw. Calcium (Ca) und Schwefel (S). **Spurennährstoffe** wie Eisen (Fe), Mangan (Mn) oder Zink (Zn) brauchen Pflanzen zwar nur in kleinen Mengen, sie sind aber dennoch unverzichtbar.

Jeder dieser Nährstoffe erfüllt bestimmte Aufgaben:

● Kalium z. B. reguliert den Wasserhaushalt, festigt das Pflanzengewebe und erhöht unter anderem die Widerstandskraft gegen Frost.

● Phosphor ist besonders wichtig für den Energiestoffwechsel und fördert die Blüten- und Fruchtbildung.

● Stickstoff, der »Wuchsstoff« schlechthin, wird zum Aufbau des Blattgrüns (Chlorophylls) benötigt, das die Pflanze für die Photosynthese braucht, bildet Eiweiße und einen wesentlichen Teil des Erbguts. Gut mit Stickstoff versorgte Pflanzen wachsen besonders schnell und haben sattgrüne Blätter. Zu viel Stickstoff hat jedoch negative Wirkung: Das Gewebe wird weich und schwammig, die Standfestigkeit leidet, und die Pflanzen werden anfälliger für Pilzkrankheiten und Schädlinge.

Eine Überdüngung kann also ebenso nachteilig sein wie eine Unterversorgung mit Nährstoffen. Nährstoffmangel äußert sich meist in gelblich aufgehellten Blättern und Wachstumsstockungen.

Eine Bodenuntersuchung (siehe Seite 118/119) gibt genauen Aufschluss über den Nährstoffzustand Ihres Bodens, so dass Sie ganz gezielt gegensteuern können.

Welche Düngemittel sind geeignet?

Für die Düngepraxis im Hausgarten kommen in erster Linie Voll- bzw. Mehrnährstoffdünger infrage, die alle wichtigen Nährstoffe in ausgewogenem Verhältnis enthalten. Aber auch Spezialdünger, deren Zusammensetzung auf bestimmte Pflanzen bzw. Kulturen zugeschnitten wurde, sind oft durchaus sinnvoll, so etwa Rasen- oder Rosendünger; ganz besonders aber spezielle Dünger für Rhododendren und andere Pflanzen, die keinen Kalk vertragen. Grundsätzlich unterscheidet man:

● **Organische Dünger:** Bei den organischen Düngemitteln, z. B. Hornspäne und Hornmehl, sind die Nährstoffe in organischer Substanzen gebunden und werden erst allmählich – in Abhängigkeit von Temperatur, Bodenfeuchte und der Aktivität der Bodenorganismen – für die Pflanzen

Ob aparte Blüher oder Rasengräser – bei harmonischer Nährstoffversorgung, die auf die Bedürfnisse der Pflanzen abgestimmt ist, zeigen sich alle Gewächse von ihrer schönsten Seite.

verfügbar. Organische Fertigdünger weisen höhere Nährstoffkonzentrationen auf als etwa der normale Kompost, der ebenfalls zu den organischen Düngemitteln zählt.

● **Mineralische Dünger:** Hier liegen die Nährstoffe als mehr oder weniger leicht lösliche Verbindungen vor. Entsprechend schnell werden sie von den Pflanzen aufgenommen und zeigen rasche Wirkung. Allerdings ist die Gefahr einer Überdüngung oder einer Auswaschung von Nährstoffen deutlich größer als bei organischen Düngern.

● Ein Sonderfall sind die **mineralischen Depot- oder Langzeitdünger**, die aufgrund einer speziellen Umhüllung ähnlich langsam und nachhaltig wirken wie organische Dünger.

● Daneben gibt es auch **organisch-mineralische Dünger**, die langsam wirkende und schnell lösliche Komponenten vereinen.

● **Gesteinsmehle** sind im Grunde ebenfalls mineralische Dünger. Da hier die Mineralien nicht durch chemische Verfahren aufgeschlossen wurden, bieten sie eine langsam fließende Nährstoffquelle, je nach Herkunft vor allem für Magnesium, Kalk und Spurenelemente.

Wann und wie wird gedüngt?

Für eine Grund- oder Vorratsdüngung im Herbst oder zeitigen Frühjahr eignen sich im Hausgarten vor allem Kompost und Gesteinsmehle. Andere Dünger werden erst zum bzw. bald nach dem Pflanzen gegeben. Bei Arten mit hohem Nährstoffbedarf, besonders Gemüsen wie Tomaten oder Kohl sowie Sommerblumen, empfehlen sich dann noch mehrere Nachdüngungen im Abstand von einigen Wochen.

Mehrjährigen Pflanzen sollten Sie spätestens im August keine stickstoffhaltigen Dünger mehr geben, um sie nicht zu Neuaustrieb anzuregen und einem allzu weichen, frostempfindlichen Gewebe vorzubeugen.

Beachten Sie beim Ausbringen von Düngern stets die Anwendungshinweise der Hersteller. Die angegebenen Höchstmengen sollten keinesfalls überschritten werden. Im Zweifelsfall lieber etwas weniger als zu viel düngen! Feste Dünger werden gleichmäßig ausgestreut und leicht eingeharkt, Flüssigdünger mit der Gießkanne verteilt. Düngen Sie nur auf feuchten Boden und möglichst bei etwas bedecktem Himmel.

Kompostieren: das perfekte Recycling

Beim Kompostieren verwandeln sich Gartenabfälle in ein wertvolles Bodenverbesserungs- und Dünge-
mittel – und das ohne großen Aufwand und praktisch zum Nulltarif.

Von daher lohnt sich sogar das »Abknapsen« von ein wenig Pflanzfläche für das Anlegen eines Kompost-
platzes. Wählen Sie dafür möglichst eine etwa durch Sträucher oder einen kleinen Baum leicht beschattete
Stelle. Diese sollte am besten über einen befestigten Weg oder Trittplatten leicht vom Haus aus erreichbar
sein, damit Sie z. B. auch im Winter Küchenabfälle leicht und sauberen Fußes entsorgen können.

Sie können den Kompost einfach in Mieten aufschichten, doch Platz sparender sind die in Bau- und Gar-
tenmärkten angebotenen Holzbehälter, mit Brettern, die sich je nach Füllhöhe auflegen oder abnehmen
lassen. Es erweist sich als sehr praktisch, wenn man wenigstens drei solcher Boxen nebeneinander unter-
bringen kann: In einer werden die Abfälle gesammelt, in der zweiten ordentlich aufgesetzt und schließlich
in die dritte Box umgeschichtet, wo dann der fertige Kompost heranreift.

Der Kompost muss unbedingt Verbindung mit dem Erdreich haben, damit die Bodenorganismen, die die
eigentliche Kompostierarbeit leisten, ungehindert Zugang haben.

An einem sonnigen Platz können Sie im Frühsommer einen Kürbis oder Kapuzinerkresse direkt neben den
fertig aufgeschichteten Kompost pflanzen, um diesen zu beschatten.

1. Was kommt wie auf den Kompost?

Kompostieren können Sie fast alles, was organischen Ursprungs ist, von Garten- über Küchenabfällen bis hin zu Kaffeesatz und Holzasche. Ungeeignet sind Grillkohlenasche, Fleisch- und Fischabfälle und Knochen (locken Mäuse, Ratten und Füchse an), Öle und Fette sowie verschimmelte Abfälle, Katzenstreu und Haustierkot. In seinem während des Rottevorgangs besonders heiß werdenden Kern kann der Kompost zwar sogar Schaderreger und Unkrautsamen abtöten, lassen Sie aber im Zweifelsfall kranke Pflanzenteile, Samen tragende Unkräuter und austriebsfähige Unkrautrhizome besser weg. Orangen- und Zitronenschalen dagegen sind unproblematisch, sofern sie nicht in gewaltigen Mengen auf dem Kompost landen.

Wenn Sie die Abfälle, so wie sie kommen, übereinander schichten, können sich schmierige, faulige Partien bilden. Wertvolle Komposterde erhalten

Sie am sichersten und schnellsten, wenn Sie weiche Abfälle mit gröberem Material vermengen und alles sauber aufschichten. Gehölzschnitt sowie kräftige Blumen- und Gemüsestängel, die Sie etwas zerkleinern, liefern den nötigen Grobanteil.

▶ *Expertentipp*

Vermischen Sie schon beim Sammeln größere Mengen von Rasenschnitt, Laub oder Küchenabfällen mit Grobmaterial, um Schimmel und Fäulnis vorzubeugen.

2. So setzen Sie den Kompost auf

Bringen Sie zuunterst eine 20–30 cm hohe Schicht aus Gehölzschnitt ein, die als Dränage dient. Darüber schichten Sie dann die restlichen Abfälle – Feines und Grobes gut durchmischt – in etwa 20 cm hohen Lagen, insgesamt bis 120 cm hoch. Geben Sie dazwischen jeweils eine dünne Schicht Gartenerde oder, besser noch, reifen Kompost. Die darin befindlichen Mikroorganismen sorgen optimal für die gewünschte Zersetzung. Auch etwas Gesteinsmehl oder Algenkalk ist günstig. Zuletzt wird das Ganze dann mit einer weiteren Schicht Erde abgedeckt, über die am besten noch Rasenschnitt oder Laub kommt.

3. Vom Aufsetzen bis zum fertigen Kompost

Sobald der Kompost deutlich zusammengesunken ist, können Sie ihn umsetzen und das angerottete Material dabei gründlich durchmischen. Dies und die damit verbundene Luftzufuhr fördern die weitere Zersetzung. Je nach Ausgangsmaterial und Rottebedingungen dauert es etwa 6–12 Monate, bis der Kompost vollständig reif ist, d. h. sich komplett in angenehm nach Waldboden duftende Erde verwandelt hat. Meist bleiben aber noch einige gröbere Teile, vor allem Gehölzreste, übrig. Trennen Sie diese durch Sieben über einen Kompostdurchwurf ab und geben Sie sie dann auf den nächsten Kompost.

4. Reifer Kompost: überall verwendbar

Den völlig vererdeten, krümeligen Reifekompost können Sie jederzeit rund um Pflanzen und auf Beeten ausbringen, etwa 1 cm hoch (ein 10-Liter-Eimer pro qm), bei größeren Gehölzen auch doppelt so viel. Arbeiten Sie den Kompost nur oberflächlich mit Grubber, Kultivator oder einem Rechen ein.

Noch nicht ganz verrotteter Frischkompost lässt sich zum Abdecken freier Beetflächen vor dem Winter und zum Mulchen zwischen gut entwickelten, nährstoffliebenden Pflanzen verwenden.

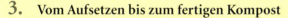

Obst ernten, lagern und auslichten

Besonders beim Kernobst, also bei Apfel und Birne, gibt es so manche Feinheiten und Sortenunterschiede zu beachten, wenn es um den richtigen Erntetermin geht. Auch beim Steinobst fällt der Pflückzeitpunkt je nach Sorte teils sehr unterschiedlich aus. Doch hier können Sie einfach Ihren Gaumen entscheiden lassen, ob es sich schon rentiert, die Erntekörbe zu holen. Lassen Sie das reife Obst nicht allzu lange hängen, auch wenn Sie dann noch ein paarmal durchpflücken müssen. Anhaltende Hitze kann bereits gut entwickelte Früchte ebenso beeinträchtigen wie Dauerregen. Vermeiden Sie möglichst Verletzungen an den Früchten und lassen Sie gefüllte Erntekörbe oder -eimer nicht lange in der prallen Sonne stehen.

Wann werden Äpfel und Birnen geerntet?

Beim Kernobst variiert der Erntetermin sehr stark je nach Sorte, ganz besonders bei Äpfeln. Hier reicht die Spanne vom frühesten, dem 'Klarapfel' mit Ernte im Juli, bis zu Sorten wie 'Idared', die erst ab Ende Oktober gepflückt werden.

Ob der richtige Zeitpunkt gekommen ist, können Sie nur bei den meisten frühen Apfelsorten durch einen Geschmackstest zuverlässig überprüfen. Die Herbst- und Wintersorten dagegen entfalten ihr volles Aroma erst nach (kühler) Lagerung. Die Sorte 'Jonathan' z. B. wird ab Ende September geerntet, den typischen süß aromatischen Geschmack bietet sie aber erst ab November. Man unterscheidet deshalb zwischen Pflück- und Genussreife.

Bei Äpfeln können Sie zunächst auf die sortentypische Ausfärbung achten, was freilich bei roten Sorten eindeutiger ist als bei gelbgrünen. Prüfen Sie dann, ob sich die Fruchtstiele schon bei leichter Drehung der Frucht vom Zweig lösen lassen – dies ist ein sicheres Anzeichen für die Pflückreife. Schließlich sollten dann auch die Kerne braun gefärbt sein. Ähnlich verhält es sich mit Birnen, wobei man allerdings die frühen Sorten noch hart erntet. Sie sind dann aber meist schon nach kurzer Zeit genussreif.

Ernten Sie auch Herbst- und Wintersorten, die länger gelagert werden sollen, nicht allzu weich.

 Expertentipp

Fassen Sie bei einem Frosteinbruch die Früchte nicht an; ernten Sie erst, nachdem sie aufgetaut sind.

 Das benötigen Sie

- Erntekörbe und -eimer
- stabile Leiter für höhere Bäume
- evtl. Obstpflücker an langer Stange
- Garten- und Astschere
- Ast- oder Baumsäge

 Diese Zeit brauchen Sie

zum Ernten:
10–30 Minuten je Strauch oder Baum

zum Schneiden:
15–40 Minuten je Strauch oder Baum

 Der richtige Zeitpunkt

je nach Art und Sorte zwischen Juni und November

Wie kann man Obst längere Zeit lagern?

Zum Lagern von Obst brauchen Sie einen kühlen, aber frostfreien, luftigen Raum mit 2–5 °C, der nicht zu lufttrocken, aber auch nicht nass ist. Lagern Sie stets nur gesundes, unbeschädigtes Obst ein und kontrollieren Sie regelmäßig, um faulende Früchte gleich auszulesen.

Am besten eignen sich Regale bzw. Obsthorden mit Lattenrostböden, auf die man die Früchte nicht allzu dicht nebeneinander und mit dem Stielende nach oben legt.

Bringen Sie die einzelnen Obstarten möglichst getrennt voneinander unter und vor allem nicht zusammen mit lagerndem Gemüse. Denn besonders Äpfel geben beim Lagern reichlich Äthylen ab, ein Reifegas, das die Haltbarkeit von Gemüse und anderen Früchten mindert.

Steinobst: gleich nach der Ernte auslichten

Steinobstbäume bilden oft reichlich neue Zweige aus, deshalb sollten Sie die Krone licht halten, damit alle Teile genügend Sonne abbekommen. Schneiden Sie zunächst abgestorbene, beschädigte und überalterte Zweige heraus, dann kommen die Zweige an die Reihe, die ungünstig und zu dicht stehen sowie stark ins Kroneninnere hineinragen. Beobachten Sie, an welchen Zweigen sich die meisten Früchte bilden. Beim Steinobst ist dieses Fruchtholz meist nach 4–5 Jahren überaltert und wird dann stark bis zur Abzweigungsstelle eines jüngeren Seitenzweigs zurückgeschnitten. Kürzen Sie lange, herabhängende Triebe bei Sauerkirschen und Pflaumen ebenfalls kräftig bis zu einem nach oben wachsenden Seitentrieb ein.

Stachel- und Johannisbeeren ernten und schneiden

Die sortenbedingte Erntezeit unterscheidet sich bei den Beerensträuchern nicht allzu stark. Stachel- und Johannisbeeren werden im Lauf des Juni und Juli reif.

Bei Johannisbeeren schneiden Sie am besten die Fruchttrauben als Ganzes ab und streifen dann nachher die Beeren (z. B. mit einer Gabel) ab. Stachelbeeren können Sie zum Einkochen und für Konfitüren und Gelees noch recht hart ernten. Nur was frisch genossen wird, lässt man am Strauch voll ausreifen. Gleich nach der Ernte wird geschnitten (siehe auch Seite 146/147).

> ➤ *Expertentipp*
>
> *Schneiden Sie bei Mehltaubefall an Stachelbeeren unbedingt die Triebspitzen bis ins gesunde Holz zurück.*

Gemüse und Kräuter richtig ernten

📙 Der richtige Zeitpunkt

Tomaten: möglichst nur vollreif ernten

Möhren, Kohlrabi, Rote Bete, Zucker- und Schalerbsen, Bohnen: schmecken jung und noch unreif am zartesten

Blumenkohl, Brokkoli, Salate: unbedingt rechtzeitig ernten, werden schnell unbrauchbar bzw. »schießen«

Radieschen, Rettiche, Kohlrabi, Zucchini: nicht zu lange warten, sonst werden sie holzig bzw. fad

Lauch, Kopfkohl, Grünkohl: können nach Bedarf geerntet werden

Zum rechten Zeitpunkt und schonend – so lautet die Devise für die Gemüse- und Kräuterernte. Nicht nur das Erntegut sollte unversehrt bleiben, sondern auch die Pflanzen. Denn viele können ja mehrmals beerntet werden bzw. liefern über einen längeren Zeitraum immer wieder neue Früchte.

Eine besondere Frage des »Timings« hängt mit dem Stickstoff zusammen, einem wichtigen Nährstoff (siehe Seite 90/91), der von den Pflanzen hauptsächlich als Nitrat aufgenommen wird. Bei guter Versorgung lagern vor allem Blattgemüse wie Salat, Spinat und Mangold, aber auch manche Wurzelgemüse wie Rote Bete und Rettiche, vorübergehend viel Nitrat ein. Für den Menschen jedoch sind hohe Nitratgehalte in der Nahrung bzw. deren Umwandlungsprodukt Nitrit gesundheitsschädlich. Vermeiden Sie deshalb schon einige Wochen vor der Ernte eine stickstoffbetonte Düngung und ernten Sie Blatt- und Wurzelgemüse am besten erst gegen Abend nach einem sonnigen Tag, da die Pflanzen das Nitrat tagsüber unter Lichteinfluss in Eiweiße umbauen.

Unter der Haube: rote Tomaten bis zum Herbst

Mit der Ausreife der Tomaten wird es oft schon im September kritisch. Wenn die Temperaturen unter 12 °C fallen, geht es kaum noch voran. Mit Schutzhauben aus durchsichtiger Kunststofffolie können Sie die Saison verlängern und weiterhin rote Früchte ernten. Nehmen Sie die Hauben jedoch an warmen Tagen vorübergehend ab, denn sonst bildet sich darunter reichlich Kondenswasser, das die Kraut- und Fruchtfäule fördert. Davon befallene Früchte und Blätter zeigen braune Flecken und müssen umgehend entfernt werden.

Die letzten Tomaten können Sie grün pflücken und dann drinnen an einem dunklen, warmen Platz nachreifen lassen.

So ernten Sie Lauch und Wurzelgemüse unversehrt

Wer voll Vorfreude zum ersten Mal schön gewachsene Lauchstangen, Möhren oder Rettiche ernten will, erlebt manchmal eine böse Überraschung: Aus trockenem Boden lässt sich das Erntegut nur schwer herausziehen, ebenso aus feuchter, tonhaltiger Erde, und bei zu viel Kraftaufwand kommt es leicht zu Beschädigungen. Die Grabegabel bietet da eine gute Hilfe: Stechen Sie die Gabel neben den Pflanzen ein und lockern Sie dann die Erde durch vorsichtiges Hin- und Herrütteln. Manchmal kann man das Erntegut auch gleich mit der Grabegabel heraushebeln.

Fruchtgemüse schonend ernten

Die meisten Fruchtgemüse wie Gurken, Tomaten, Bohnen und Erbsen lassen sich mit einem leichten Ruck und zusätzlicher Drehbewegung einfach abpflücken. Wenn Sie dazu den Fruchttrieb mit der anderen Hand festhalten, geht das besonders einfach.

 Expertentipp

Bei Zucchini und Salatgurken sollten Sie die Fruchtstiele besser mit einem Messer abschneiden.

Zwiebeln: Lagerung in luftiger Höhe

Zwiebeln lassen sich wie Lauch oder Wurzelgemüse gut mit Hilfe einer Grabegabel aus der Erde holen. Der Zeitpunkt ist gekommen, wenn das bräunlich-gelb gewordene Laub umknickt.

Sofern es nicht regnet, lässt man die Zwiebeln nach dem Herausziehen am besten noch ein paar Tage auf dem Beet abtrocknen. Hängen Sie sie dann – am verbliebenen Laub verflochten bzw. zusammengebunden oder in Netzen – an einem geschützten, luftigen, schattigen Platz auf.

So behalten Kräuter ihr Aroma

Kräuter werden am besten vormittags an einem sonnigen Tag geerntet, dann schmecken sie am intensivsten. Das gilt für die fortlaufende Ernte einzelner Blätter, erst recht aber, wenn Sie Kräuter zum Trocknen schneiden. Kurz vor der Blüte haben sie den höchsten Aromastoffgehalt.

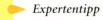 *Expertentipp*

Oregano gehört zu den Ausnahmen: Er wird blühend geschnitten.

Pflanzen für Sommer- und Frühherbstsaat und -pflanzung

Der trockene Hochsommer ist nicht gerade die günstigste Saat- und Pflanzzeit. Doch manche spezielle Pflanzenfreuden und -genüsse wie Herbst- und Wintergemüse sowie zweijährige Sommerblumen sorgen dafür, dass es auch beim Säen und Pflanzen kein »Sommerloch« gibt. Wenn es dann auf den Frühherbst zugeht, beginnt die wichtigste Pflanzperiode des Jahres, eröffnet von Zwiebel- und Knollenblumen sowie immergrünen Gehölzen.

Regelmäßig gießen und wässern – das ist bei Sommersaaten und -pflanzungen noch mehr erforderlich als im Frühjahr. Dafür sind keinerlei Vorkehrungen nötig, um hinreichende Keimtemperaturen zu gewährleisten, die reichen im Sommer auf jeden Fall.

Wählen Sie jedoch für die Anzucht zweijähriger Sommerblumen leicht beschattete Beete. Auch die Jungpflanzen, ob bis zum endgültigen Setzen in Töpfen oder auf Beeten kultiviert, sollten möglichst keine pralle Sonne abbekommen. Die Herbst- und Wintergemüse dagegen mögen es auch bei der Anzucht recht sonnig.

Halten Sie Ausschau nach »Sommerlücken«

Ob beim Arbeiten im Garten, beim Gießen oder beim Entspannen auf der Terrasse – über Sommer lasse ich immer mal wieder einen prüfenden Blick über die Szenerie streichen. Gerade in der Hauptvegetationszeit, wenn alle Pflanzen gut entwickelt sind und wenn man sich am meisten draußen aufhält, nimmt man am besten wahr, ob die Bepflanzung »rund« ist und einen befriedigt. So fällt Ihnen vielleicht auf, dass zeitweise nur wenige Blüten das Auge erfreuen, dass sich hier und da noch eine markante Pflanzengestalt oder eine immergrüne Kulisse gut machen würde oder dass Ihre Lieblingsblütenfarben noch zu schwach vertreten sind.

Mit Containerpflanzen können Sie solche Lücken umgehend füllen. Eventuell ist aber auch etwas Geduld und gründlichere Planung günstig, denn die Hauptpflanzzeit für immergrüne Gehölze steht ohnehin vor der Tür. Und ab Frühherbst lassen sich dann auch komplett neue Staudenbeete sowie größere Gehölzpflanzungen optimal vorbereiten. Denken Sie nicht zuletzt auch an den Frühling: Zu dessen schönsten Seiten gehört die bunte Pracht der Blüher, deren Zwiebeln und Knollen teils schon ab August/September in die Erde kommen sollten.

Erdbeeren und späte Gemüse

Erdbeere
Fragaria x ananassa

Pflanzenabstand: 40 x 25 cm
Erntezeit: Juni–Juli (Oktober)

Aussehen: Staude mit drei- bis fünfzähligen Blättern und oberirdischen Ausläufern; weiße Blüten; rote Früchte
Standort: humoser, nährstoffreicher, schwach saurer, durchlässiger Boden
Anbau: ab Ende Juli–Mitte August pflanzen, mehrmals tragende Sorten bis September; nicht zu tief setzen, die inneren Herzknospen müssen über der Erde bleiben; alle 2–4 Jahre neu pflanzen; durch Abtrennen und Einpflanzen bewurzelter Ausläufer im Juli/August zu vermehren
Pflegen: leicht feucht halten, im August/September (Zeit der Blütenneuanlage) gut gießen; im Herbst oder Frühjahr Kompost oder Langzeitdünger geben; häufig hacken, besser noch mulchen; welke Blätter und überschüssige Ausläufer ständig entfernen
Ernten: ab Juni mehrmals durchpflücken, Früchte mitsamt Kelchblättern abkneifen

Grünkohl, Krauskohl
Brassica oleracea var. *sabellica*

Pflanzenabstand: 50 x 50 cm
Erntezeit: Oktober–März

Aussehen: stattliches Kohlgemüse, 40–80 cm hoch, je nach Sorte unterschiedlich stark gekrauste, grüne Blätter an kräftigem Strunk
Standort: humoser, nährstoffreicher, bevorzugt kalkhaltiger Boden
Anbau: Mitte Mai–Mitte Juni mit 15 cm Reihenabstand auf ein Anzuchtbeet säen; ab Ende Juni aufs endgültige Beet pflanzen
Pflegen: beim Pflanzen Kompost oder Volldünger geben; bei Trockenheit kräftig gießen; Boden regelmäßig hacken oder mulchen; anhäufeln; in rauen Lagen über Winter etwas abdecken
Ernten: erst nach den ersten Frösten; Pflanzen ganz abschneiden oder nach Bedarf junge, zarte Blätter

 **Gute Partner**

- Buschbohne • Endivie • Mangold • Radicchio • Rote Bete
- später Salat • Zuckerhutsalat

Endivie
Cichorium endivia

Pflanzenabstand: 30–40 x 30 cm
Erntezeit: Juli–November

Aussehen: bildet lockere Köpfe aus krausen, geschlitzten oder ganzrandigen Blättern, an Strunk mit weißem Milchsaft
Standort: warm, geschützt; humoser, durchlässiger Boden
Anbau: Saat ab Mitte Juni–Mitte Juli auf Anzuchtbeet im Freien, 30 cm Reihenabstand, nach 4 Wochen verpflanzen; für den Sommeranbau Anzucht Mai–Anfang Juni im Frühbeet
Pflegen: gleichmäßig leicht feucht halten, nur zwischen den Pflanzen gießen; regelmäßig hacken; organischen Dünger geben; zum Bleichen der inneren Blätter etwa 2 Wochen vor der Ernte die Köpfe vorsichtig zusammenbinden oder mit dunkler Folie abdecken, bei selbstbleichenden Sorten nicht nötig
Ernten: bei Sommeranbau ab Juli, Köpfe nicht zu spät ernten, damit sie nicht »schießen«; bei Herbstanbau Ernte ab Ende September bis zu den ersten leichten Frösten

Weitere Herbst- und Wintergemüse

Name	Pflanzzeit Abstand	Erntezeit
Asiasalate (*Brassica*-Arten)	Mai–Sept. 30 x 30 cm	Juli–November
Rosenkohl (*Brassica oleracea* var. *gemmifera*)	Mai–Juni 60 x 50 cm	September–November
Chinakohl (*Brassica rapa* ssp. *chinensis*)	Direktsaat Juli–August 40 x 30 cm	September–November
Pak Choi (*Brassica rapa* ssp. *chinensis*)	Direktsaat Juli–August 30 x 30 cm	September–November
Radicchio (*Cichorium intybus* var. *foliosum*)	Direktsaat Mai–Juli 30 x 25 cm	September–März
Zuckerhutsalat (*Cichorium intybus* var. *foliosum*)	Direktsaat Juni–Juli 40 x 40 cm	Oktober–November
Winterportulak (*Montia perfoliata*)	Direktsaat oder Pflanzung Sept.–April 20 x 20 cm	September–März
Winterrettich (*Raphanus sativus* var. *niger*)	Direktsaat Juni–August 25 x 30 cm	Oktober–Dezember

Außerdem: später Weiß- und Rotkohl, Wirsingkohl und Rucolasalat (Seite 54/55), Lauch und Knollensellerie (Seite 56)

Spinat
Spinacia oleracea

Reihenabstand: 25–35 cm
Erntezeit: Mai–Juni/Sept.–Nov.

Aussehen: niedriges Blattgemüse mit rundlichen bis schildförmigen, lang gestielten Blättern
Standort: humoser, durchlässiger, frischer Boden
Anbau: dünn in Reihen direkt aufs Beet säen, späteres Ausdünnen der Sämlinge nicht nötig; Frühsorten von März–Mai, Sommersorten von August–September, Herbstsorten ab Ende September, unter Glas auch bis zum Winter; Folgesaaten empfehlenswert
Pflegen: gleichmäßig leicht feucht halten; gelegentlich Boden lockern; sehr frühe und späte Saaten mit Folie oder Vlies schützen
Ernten: etwa 6 Wochen nach der Aussaat, ganze Pflanze oder nur äußere Blätter abschneiden

> **Expertentipp**
>
> *Blattgemüse wie Spinat lagern in der lichtarmen Zeit leicht zu viel Nitrat ein; deshalb stickstoffarm düngen.*

Feldsalat, Rapunzel
Valerianella locusta

Pflanzenabstand: 10–20 x 5 cm
Erntezeit: September–März

Aussehen: Rosetten aus runden oder ovalen, dunkelgrünen Blättern
Standort: jeder normale Gartenboden, bevorzugt leicht kalkhaltig
Anbau: Aussaat für die Herbsternte Mitte August, für die Frühjahrsernte bis Mitte September, im Frühbeet und unbeheizten Gewächshaus bis Ende September; Samen nur flach mit Erde bedecken, nach dem Aufgehen auf etwa 5 cm Abstand in der Reihe ausdünnen
Pflegen: gleichmäßig leicht feucht halten; regelmäßiges Jäten von Unkraut wegen des niedrigen Wuchses besonders wichtig; vor starken Frösten mit Vlies oder Reisig schützen
Ernten: ab etwa 4 Wochen nach Aussaat; Blattrosetten direkt über der Erdoberfläche abschneiden

> **Expertentipp**
>
> *Achten Sie auf mehltauresistente oder -tolerante Sorten, ganz besonders beim Anbau unter Glas.*

Zweijährige Sommerblumen

Stockrose, Stockmalve
Alcaea rosea

Höhe: 120–200 cm
Blütezeit: Juli–September

Aussehen: stattlicher, straff aufrechter Wuchs; Blätter groß, handförmig gelappt, rau; große Blüten, zu den Triebspitzen hin aufgereiht, weiß, gelb, rosa oder rot, einfach, halb oder dicht gefüllt
Standort: am besten etwas windgeschützt; humoser, nährstoffreicher, durchlässiger, frischer Boden
Vorziehen: Februar–April drinnen, ab April auf Anzuchtbeet draußen oder gleich am Endstandort säen und Sämlinge ausdünnen
Pflanzen: April–Mai oder im August mit 40–50 cm Abstand
Pflegen: an Stäben aufbinden; bei Trockenheit kräftig gießen; nach dem Pflanzen und im darauf folgenden Frühjahr düngen; ungefüllte Sorten vermehren sich oft durch Selbstaussaat
Gestalten: hübsch an Zäunen und Mauern, als Wegbegleiter oder dominante Gestalten in großen Beeten; passt gut in Bauerngärten

Tausendschön
Bellis perennis

Höhe: 15–20 cm
Blütezeit: März–Juni

Aussehen: kompakte Blattrosette, darüber blattlose Blütenstiele; Blüten rosa, rot oder weiß; meist gefüllt, auch pompon- oder knopfartig
Standort: normaler Gartenboden
Vorziehen: Mitte Juni–Juli im Frühbeet oder auf Saatbeet an beschatteter Stelle; Lichtkeimer; in kleine Töpfe pikieren, diese halbschattig aufstellen
Pflanzen: im Herbst oder Frühjahr, mit 15–20 cm Abstand; für Frühjahrspflanzung drinnen hell und kühl überwintern, bei Herbstpflanzung mit Fichtenreisig abdecken
Pflegen: gleichmäßig leicht feucht halten; verwelkte Blüten entfernen
Gestalten: schön in kleinen Gruppen auf Beeten und Rabatten

🌼 **Gute Partner**

- *Hyazinthe* - *Traubenhyazinthe*
- *Vergissmeinnicht*

Goldlack
Erysimum cheiri

Höhe: 30–50 cm
Blütezeit: April–Juni

Aussehen: buschig aufrecht; schmale Blätter; Blüten in Trauben, gelb, orange, rot, violett, braun, einfach oder gefüllt, mit honigartigem Duft
Standort: nährstoffreicher, kalkhaltiger, frischer Boden
Vorziehen: Mai–Juli in Anzuchtgefäßen oder im Frühbeet; einzeln in Töpfe pikieren
Pflanzen: im Herbst oder Frühjahr mit 15–25 cm Abstand; für Frühjahrspflanzung hell, kühl und frostfrei überwintern, bei Herbstpflanzung mit Fichtenreisig abdecken
Pflegen: gleichmäßig leicht feucht halten; bei Blühbeginn düngen; Verblühtes regelmäßig entfernen
Gestalten: für Beete und Rabatten, harmoniert sehr schön mit blau, rot und weiß blühenden Nachbarn, z. B. mit Vergissmeinnicht und Tulpen

 sonnig   halbschattig   schattig   viel gießen

Silberling
Lunaria annua

Höhe: 40–120 cm
Blütezeit: April–Juni

Aussehen: locker buschig; Blätter herzförmig; Blüten in Trauben, violett, rosa oder weiß, duftend; ab Spätsommer runde, flache, bräunliche Fruchtschoten mit silbriger, pergamentartiger Scheidewand
Standort: bevorzugt halbschattig; humoser, nährstoffreicher, frischer Boden
Vorziehen: Mai–Juli auf Saatbeet im Freien
Pflanzen: Juni–August/September mit 30 cm Abstand; über Winter mit Fichtenreisig abdecken
Pflegen: leicht feucht halten
Gestalten: gut für naturnahe Bereiche, z. B. am Gehölzrand, wo er sich durch Selbstaussaat vermehren kann

 Expertentipp

Die Fruchtstände sind ein attraktiver Trockenschmuck. Im Spätsommer schneiden, trocknen lassen, dann die bräunlichen Hüllen abziehen.

Vergissmeinnicht
Myosotis-Hybriden

Höhe: 15–30 cm
Blütezeit: April–Juni

Aussehen: dichtbuschig; Blätter schmal, frischgrün; zahlreiche kleine Blüten in dichten Trauben, in allen Blautönen, Rosa und Weiß
Standort: bevorzugt halbschattig; humoser, frischer Boden
Vorziehen: Juli–August im Freien an leicht beschatteter Stelle oder in Gefäßen; in Töpfe pikieren, diese drinnen hell und kühl überwintern
Pflanzen: im Frühjahr, in wintermilden Regionen auch schon im Herbst, mit 15–25 cm Abstand
Pflegen: zum Pflanzen etwas Kompost geben; an warmen Tagen reichlich gießen
Gestalten: in kleinen Gruppen setzen; blaue Sorten bilden einen hübschen Kontrast zu weißen, gelben und roten Frühjahrsblühern

 Expertentipp

Eignet sich sehr gut, um als Pflanzpartner von Zwiebelblumen deren etwas steife Formen aufzulockern.

Stiefmütterchen
Viola x wittrockiana

Höhe: 15–30 cm
Blütezeit: März–Mai/Sept.–Nov.

Aussehen: buschig, kompakt; Blätter eiförmig; Blüten in allen Farben, auch mehrfarbig, Samen meist in Farbmischungen angeboten, klein- oder großblumig
Standort: humoser, nährstoffreicher, durchlässiger, frischer Boden
Vorziehen: Juni–August im Freien an leicht beschatteter Stelle oder in Anzuchtgefäßen; in Töpfe pikieren
Pflanzen: ab Mitte August (dann in rauen Lagen Winterschutz geben) oder – nach heller, kühler Überwinterung drinnen – im Frühjahr, mit 10–15 cm Abstand
Pflegen: gleichmäßig leicht feucht halten; zu Blühbeginn düngen, ein- bis zweimal nachdüngen; Verblühtes entfernen
Gestalten: schön in kleinen und größeren Gruppen mit verschiedenen Blütenfarben; attraktiv als Beeteinfassung und in Kombination mit Zwiebelblumen

Zwiebel- und Knollenblumen fürs Frühjahr

Krokus
Crocus-Arten

Höhe: 5–10 cm
Blütezeit: Februar–April

Aussehen: kleine Knollenpflanze mit grasartigen Blättern und unterirdischen Zwiebelknollen; Blüten becher- oder kelchförmig, gelb, weiß, rosa, violett, blau, auch mehrfarbig
Standort: gedeiht noch im Halbschatten, blüht dort aber spärlicher; auf jedem normalen Gartenboden
Pflanzen: Zwiebelknollen im August/September 5–10 cm tief stecken, mit 8–15 cm Abstand
Pflegen: Gießen nur bei längerer Frühjahrstrockenheit nötig; Knollen alle 4–5 Jahre ausgraben und an anderer Stelle neu pflanzen
Vermehren: über Brutknöllchen oder durch Aussaat
Gestalten: in größeren Gruppen pflanzen, in Rabatten, unter Gehölze oder im Rasen

 Expertentipp

Sehr schön sind auch Herbstkrokusse wie der Prachtkrokus (C. speciosus), der ab September zartviolett blüht.

Schneeglöckchen
Galanthus nivalis

Höhe: 10–25 cm
Blütezeit: Februar–März

Aussehen: zierliche Zwiebelpflanze mit schmal riemenförmigen Blättern; nickende weiße Blütenglöckchen, innen grün gerandet
Standort: Plätze unter bzw. vor Laub abwerfenden Gehölzen besonders geeignet; humoser, durchlässiger, frischer Boden
Pflanzen: Zwiebeln im September 5–10 cm tief stecken, mit 10–15 cm Abstand
Pflegen: ungestört wachsen lassen; Schneeglöckchen kann man jahrelang am selben Standort belassen, wo sie sich von selbst ausbreiten
Vermehren: Zwiebelhorste nach der Blüte ausgraben, teilen und an gewünschter Stelle einsetzen
Gestalten: in kleinen Gruppen unter Gehölze oder in Wiesen setzen

 *Gute Partner*

- *Blausternchen* • *Duftveilchen*
- *Krokusse* • *Winterling*

Traubenhyazinthe
Muscari-Arten

Höhe: 15–30 cm
Blütezeit: März–Mai

Aussehen: Zwiebelpflanze mit grasartigen Blättern, bildet dichte Kolonien; Trauben aus blauen Glockenblütchen, bei der Sorte *M. botryoides* 'Alba' weiß
Standort: humoser, durchlässiger, frischer Boden
Pflanzen: Zwiebeln im August/September 5–10 cm tief stecken, mit 10 cm Abstand
Pflegen: bei längerer Trockenheit gießen; wenn nötig, sich ausbreitende Kolonien durch Abstechen mit dem Spaten eindämmen
Vermehren: größere Bestände im Spätsommer mit dem Spaten teilen und verpflanzen; auch Aussaat im Frühsommer möglich
Gestalten: in Gruppen unter Gehölzen, in Rabatten oder im Steingarten pflanzen; hübsch mit Frühjahrszwiebelblumen, unter Forsythien und Zierkirschen

Narzisse
Narcissus-Arten und-Hybriden

Höhe: 30–60 cm
Blütezeit: je nach Sorte März–Mai

Aussehen: aufrechte Zwiebelpflanze mit einem oder mehreren Blütenstielen und riemenförmigen Blättern; Blüten trompeten- oder sternförmig, gelb, gelborange, weiß, auch zweifarbig, teils duftend
Standort: humoser, nährstoffreicher, durchlässiger, frischer Boden
Pflanzen: Zwiebeln im August/ September 10–20 cm tief stecken, mit 10–20 cm Abstand
Pflegen: bei längerer Trockenheit gießen; zum Wachstumsbeginn organisch düngen; nach etwa 3–4 Jahren im Sommer vorsichtig ausgraben und neu einpflanzen
Vermehren: durch Abnehmen der Tochterzwiebeln im Sommer
Gestalten: sehr schön mit blauen und roten Frühjahrsblühern

 Expertentipp

Narzissen- und Tulpenzwiebeln enthalten Giftstoffe, die allergische Hautreizungen hervorrufen können.

Gartentulpe
Tulipa-Hybriden

Höhe: 20–70 cm
Blütezeit: je nach Sorte März–Mai

Aussehen: aufrechte, eintriebige Zwiebelpflanze mit lanzettlich zugespitzten Blättern; Blüten kelch-, trichter- oder glockenförmig, in allen Farben außer Blau, auch mehrfarbig, teils duftend
Standort: humoser, nährstoffreicher, durchlässiger, frischer, möglichst kalkarmer Boden
Pflanzen: Zwiebeln im September 10–15 cm tief stecken, mit 15–20 cm Abstand
Pflegen: beim Austrieb düngen; Boden während der Blütezeit leicht feucht halten; verwelkte Blüten mit einem Teil des Stiels wegschneiden; Laub nach der Blüte stehen lassen, bis es ganz verwelkt ist (wie bei allen anderen Zwiebelpflanzen auch); alle 2–3 Jahre nach Einziehen der Blätter Zwiebeln ausgraben und verpflanzen
Vermehren: durch Abnehmen von Nebenzwiebeln im Sommer
Gestalten: in Gruppen (mind. 4–5) auf Beete und Rabatten pflanzen

Weitere frühjahrsblühende Zwiebel- und Knollenblumen

Name	Höhe	Blütenfarbe Blütezeit
Frühe Blüher:		
Winterling (*Eranthis hyemalis*)	5–15 cm	gelb Februar–März
Zwergschwertlilie (*Iris reticulata*)	10–20 cm	violett mit gelbem Fleck Februar–März
Märzenbecher (*Leucojum vernum*)	15–30 cm	weiß März–April
Wildnarzissen (*Narcissus asturiensis, N. poeticus* u.a.)	10–40 cm	gelb, weiß März–April
Blausternchen (*Scilla siberica*)	10–20 cm	blau, weiß März–April
Botanische Tulpen (*Tulipa-Kaufmanniana*-Hybriden u. a.)	15–40 cm	rot, orange, gelb, rosa März–April
Spätfrühlingsblüher:		
Kaiserkrone (*Fritillaria imperialis*)	60–100 cm	rot, gelb, orange April–Mai
Schachbrettblume (*Fritillaria meleagris*)	20–40 cm	rot-weiß gemustert April–Mai
Hyazinthe (*Hyacinthus orientalis*)	20–30 cm	viele Farbtöne April–Mai
Hasenglöckchen (*Hyacinthoides hispanica*)	25–35 cm	blau, rosa, weiß April–Mai
Milchstern (*Ornithogalum nutans*)	25–50 cm	weiß April–Mai
Puschkinie (*Puschkinia scilloides*)	10–20 cm	blau, weiß April–Mai

Immergrüne Laubgehölze

Buchsbaum
Buxus sempervirens

Höhe/Breite: bis 3 m/bis 3 m
Blütezeit: April–Mai

Aussehen: immergrüner Strauch, dicht buschig, langsam wachsend; glänzend dunkelgrüne Blättchen; kleine Blüten, gelb- oder weißgrün, unauffällig
Standort: jeder normale Gartenboden, gern kalkhaltig
Pflanzen: im Frühherbst oder Frühjahr
Pflegen: bei längerer Trockenheit gießen; im Frühjahr Kompost geben; kann außer bei Frost jederzeit geschnitten werden
Vermehren: durch Stecklinge im Frühsommer oder über Absenker
Gestalten: für frei wachsende und Schnitthecken, niedrige Sorte 'Suffruticosa' als Einfassungsbuchs mit ca. 30 cm Schnitthöhe; hohe Sorten auch einzeln; hübsch als dunkler Hintergrund für Blumenbeete und Blütengehölze

Johanniskraut
Hypericum 'Hidcote'

Höhe/Breite: 1–1,5 m/1–1,5 m
Blütezeit: Juli–Oktober

Aussehen: wintergrüner Kleinstrauch, anfangs straff aufrecht, später überhängend; Blätter groß, länglich, ledrig, sattgrün; leuchtend gelbe, schalenförmige Blüten mit bis zu 7 cm Durchmesser
Standort: bevorzugt sonnig; durchlässiger, auch recht trockener Boden
Pflanzen: im Frühherbst oder Frühjahr
Pflegen: in kalten Wintern leichte Abdeckung (Reisig, Laub im Wurzelbereich) ratsam; bei nachlassender Blühfreude bis auf eine Handbreit über dem Boden zurückschneiden
Vermehren: durch Stecklinge nach der Blüte
Gestalten: hübsch in Gruppen, etwa in niedrigen Blütenhecken oder gemischten Strauchpflanzungen, aber auch in Einzelpflanzung ansprechend, z. B. im Vorgarten oder als Blickfang im Staudenbeet

Stechpalme
Ilex aquifolium

Höhe/Breite: 2–5 m/2–4 m
Blütezeit: Mai–Juli

Aussehen: immergrüner Strauch oder kleiner Baum; Blätter glänzend dunkelgrün mit welligem, bedorntem Rand; Blüten weiß, unauffällig; im Herbst zahlreiche rote Früchte, giftig
Standort: bevorzugt halbschattig; durchlässiger, humoser, auch sandiger Boden
Pflanzen: im Frühherbst, besser noch im Frühjahr
Pflegen: vor allem Junggehölze im Herbst nochmals gründlich gießen und im Wurzelbereich gut mit Winterschutz versehen; gut schnittverträglich, falls erforderlich
Vermehren: durch Stecklinge im Sommer oder durch Aussaat im Herbst (Kaltkeimer)
Gestalten: eignet sich gut zum Unterpflanzen von Bäumen, ebenso für frei wachsende Hecken, Gehölzgruppen und als Solitärgehölz

Mahonie
Mahonia aquifolium

Höhe/Breite: 0,5–1,5 m/0,5–1,2 m
Blütezeit: April–Mai

Aussehen: immergrüner, breitbuschiger Kleinstrauch; Blätter ledrig, glänzend dunkelgrün, am Rand schwach bedornt, bei Austrieb und im Winter teils rot gefärbt; gelbe, duftende Blütentrauben; ab Juli blau bereifte, schwach giftige Beeren
Standort: durchlässiger, neutraler bis saurer Boden
Pflanzen: im Frühherbst oder Frühjahr
Pflegen: kaum nötig, nur an trockenen Stellen häufiger gießen; gut schnittverträglich
Vermehren: durch Stecklinge im Herbst oder Aussaat
Gestalten: ein echter Problemlöser für Schattenplätze, zur Gehölzunterpflanzung, in Strauchbeeten und als Bodendecker

▶ *Expertentipp*

Die Mahonie gedeiht selbst unter großen Gehölzen, deren Wurzeldruck sonst kaum etwas wachsen lässt.

Feuerdorn
Pyracantha coccinea

Höhe/Breite: 2–3 m/1–3 m
Blütezeit: Mai–Juni

Aussehen: immergrüner Strauch; sparrig verzweigt, stark bedornt; Blätter glänzend dunkelgrün, ledrig; weiße, streng duftende Blüten; ab September rote, orange oder gelbe, beerenartige Früchte, lange haftend, schwach giftig
Standort: durchlässiger, kalkhaltiger, eher nährstoffarmer Boden
Pflanzen: im Frühherbst oder Frühjahr, am besten Containerpflanzen verwenden
Pflegen: anspruchslos, kann beliebig geschnitten werden
Vermehren: durch Stecklinge oder Absenker
Gestalten: wächst besonders hübsch, wenn er an Spalieren gezogen wird; bildet undurchdringliche Hecken; auch für Steingärten

▶ *Expertentipp*

In Obstbauregionen besser nicht pflanzen, da anfällig für Feuerbrand, eine gefürchtete Obstkrankheit.

Immergrüner Schneeball
Viburnum rhytidophyllum

Höhe/Breite: 3–4 m/2–4 m
Blütezeit: Mai–Juni

Aussehen: immergrüner Großstrauch, straff aufrecht, Zweige im Alter überhängend; auffällige, bis 20 cm lange, zungenähnliche, runzelige Blätter (deshalb auch Zungen- oder Runzelschneeball genannt); cremeweiße Blüten in großen Schirmrispen; anfangs rote, dann schwarze Früchte, ungenießbar
Standort: am besten leicht beschattet; humoser, frischer Boden
Pflanzen: bevorzugt im Frühherbst
Pflegen: bei längerer Trockenheit kräftig gießen, auch im Winter an frostfreien Tagen; gelegentlich Kompost geben; alle paar Jahre nach der Blüte auslichten
Vermehren: durch Stecklinge, Absenker oder Aussaat (Kaltkeimer)
Gestalten: markanter Strauch für Einzelstellung, bei genügend Platz auch für hohe frei wachsende Hecken und Gehölzgruppen, zusammen mit Blütengehölzen wie Forsythie oder Pfeifenstrauch

Schmucke Nadelgehölze

Koreatanne
Abies koreana

Höhe/Breite: 5–8 m/3–4 m
Wuchs: breit kegelförmig

Aussehen: mittelgroßer Baum; Nadeln glänzend dunkelgrün, unterseits bläulich weiß, bürstenartig beisammenstehend; nach 6–8 Jahren aufrechte Zapfen, anfangs violettbraun, später braun gefärbt
Standort: möglichst luftfeucht und eher etwas kühler; humoser, nährstoffreicher, durchlässiger, nicht zu trockener Boden
Pflanzen: bevorzugt im Frühherbst
Pflegen: bei Trockenheit des Öfteren gründlich gießen; gelegentlich mit Kompost versorgen; nicht schneiden
Vermehren: durch Stecklinge oder Aussaat (nur reine Art)
Gestaltung: hübscher, langsam wachsender Nadelbaum für die Einzelstellung, durch die Zapfen besonders attraktiv

 Expertentipp

Tannen stehen am besten absonnig, d. h. ohne direkte Sonneneinstrahlung, aber möglichst hell.

Chinawacholder
Juniperus chinensis

Höhe/Breite: 2–6 m/2–5 m
Wuchs: ausladend oder aufrecht

Aussehen: Strauch oder Baum, je nach Sorte breit ausladend bis säulenförmig; Blätter teils schuppenförmig, teils nadelförmig, je nach Sorte goldgelb, bläulich oder grün, oft an zierlichen Zweigen; erbsengroße, bläulich weiße Beerenzapfen, ungenießbar; attraktive Sorten sind z. B. 'Blaauw' (graublau benadelt, trichterförmig aufrecht, 2–3 m hoch), 'Keteleeri' (bläuliche Nadeln, Säulenform, 6–8 m hoch), 'Old Gold' (bronzegelb benadelt, flach breitwüchsig, 0,8–1,2 m hoch)
Standort: normaler Gartenboden
Pflanzen: bevorzugt im Frühherbst
Pflegen: ab und an mit Kompost versorgen; kann bei Bedarf leicht geschnitten werden
Vermehren: durch Stecklinge, die Sorten sind allerdings oft veredelt
Gestaltung: für Einzelstellung und Gruppenpflanzung; passt gut in Heidegärten, wird gern in größeren Vorgärten gepflanzt

Rotfichte, Zapfenfichte
Picea abies 'Acrocona'

Höhe/Breite: 5–7 m/2–3 m
Wuchs: breit kegelförmig

Aussehen: mittelgroßer Baum; dunkelgrüne Nadeln; bis 10 cm lange, braune, an den Zweigspitzen gehäufte Zapfen, die schon an jungen Bäumen erscheinen
Standort: möglichst luftfeucht und eher kühl sowie hell, aber nicht prallsonnig; jeder nicht zu trockene Gartenboden
Pflanzen: im Frühherbst oder Frühjahr
Pflegen: bei längerer Trockenheit durchdringend wässern; gelegentlich mit Kompost versorgen; wenn nötig, können ab und an störende Zweige eingekürzt werden
Vermehren: veredelt, eigene Vermehrung schlecht möglich
Gestaltung: Blickfang durch interessante Wuchsform und die zahlreichen Zapfen; wirkt einzeln gepflanzt vor einer Laub abwerfenden Hecke oder in lockeren Gruppen mit anderen Gehölzen

Bergkiefer
Pinus mugo

Höhe/Breite: 1–5 m/1–6 m
Wuchs: breit ausladend

Aussehen: Strauch oder kleiner
Baum; Nadeln frischgrün, oft leicht
gedreht, 2–5 cm lang; einige Varietä-
ten und Sorten mit rotbraunen Zapfen; dekorative Zwergformen sind
z. B.: 'Gnom' (kugelig, bis 1,5 m
hoch), 'Mops' (kugelig, bis 1 m),
P. mugo ssp. *pumilio* (halbkugelig
ausgebreitet, bis 1 m)
Standort: am besten vollsonnig;
durchlässiger, nicht zu trockener
Boden
Pflanzen: bevorzugt im Frühherbst
Pflegen: anspruchslos; am besten
ungeschnitten lassen
Vermehren: Sorten meist veredelt,
eigene Vermehrung schlecht möglich
Gestalten: einzeln als Ziergehölz auf
Rasenflächen oder an Terrassen, für
frei wachsende Hecken; Zwergformen eignen sich gut für Einfassungen, Stein- und Heidegärten

Eibe
Taxus baccata

Höhe/Breite: 3–8 m/2–5 m
Wuchs: aufrecht, teils säulenförmig

Aussehen: Großstrauch oder kleiner
Baum; Nadeln meist dunkel- bis
schwarzgrün, bei Sorten auch gelb;
beerenähnliche Früchte mit rotem
Samenmantel
Standort: bevorzugt im Halbschatten und luftfeucht; jeder nicht zu
trockene Gartenboden
Pflanzen: im Frühherbst oder
Frühjahr
Pflegen: bei sonnigem Stand häufiger wässern; ab und an mit Kompost
versorgen; gut schnittverträglich
Vermehren: durch Stecklinge
Gestalten: einzeln und in kleinen
Gruppen attraktiv, auch als Hecke
geeignet; dunkel benadelte Sorten
bilden einen schönen Hintergrund
für Rosen und Blütenstauden

 Expertentipp

*Vorsicht, die Samen und alle anderen
Pflanzenteile sind hochgiftig, mit
Ausnahme des roten Samenmantels.*

Weitere Nadelbäume und Nadelsträucher

Name	Höhe	Wuchs
Mittelgroße bis große Gehölze:		
Scheinzypresse (*Chamaecyparis lawsoniana*)	3–10 m	säulen- bis kegelförmig; auch Zwerg-formen
Gewöhnlicher Wacholder (*Juniperus communis*)	1–5 m	Säulen-, Teppich- und Kriechformen
Lärche (*Larix decidua* 'Pendula')	5–12 m	Teppich- und Kriechformen
Serbische Fichte (*Picea omorika*)	20–25 m	schmaler Baum
Stechfichte (*Picea pungens*)	10–20 m	kegelförmiger Baum
Mädchenkiefer (*Pinus parviflora*)	3–5 m	locker verzweig-ter Baum
Lebensbaum (*Thuja occidentalis*)	2–6 m	kegel- oder säulenförmig
Zwergnadelgehölze:		
Zwerg-Balsamtanne (*Abies balsamea* 'Nana')	0,3–0,5 m	flachkugelig
Muschel-Schein-zypresse (*Chamaecyparis obtusa*)	1–2 m	kegelförmig oder fächerartig
Kriechwacholder (*Juniperus horizontalis*)	0,3–0,5 m	ausladend bis mattenartig
Igelfichte (*Picea abies* 'Echiniformis')	0,2–0,5 m	kissenförmig
Zwerg-Hemlocktanne (*Tsuga canadensis* 'Jeddeloh')	0,3–0,6 m	halbkugelig

Vo

reude aufs nächste Jahr

Arbeitskalender

Allgemeine Gartenarbeiten

- Gegen Mitte Oktober zum letzten Mal den Rasen schneiden, spätestens, wenn sich stärkere Fröste ankündigen.
- Im Sommer aufgesetzten Kompost nochmals umschichten.
- Winterschutzmaterial (z. B. Laub, Fichtenreisig) bereithalten.
- Neue Pflanzflächen fürs nächste Jahr vorbereiten.
- Bei Bodenbearbeitung und beim Kompostumsetzen Schneckeneier (helle Knäuel) entfernen.
- Vogelnistkästen aufhängen, alte Kästen reinigen.
  ➤ *siehe Seite 134/135*
- Vor den ersten Frösten Wasser draußen abstellen, Hähne aufgedreht lassen, isolieren.
- Im Garten und Schuppen aufräumen, im November Geräte reinigen und einwintern. ➤ *siehe Seite 136/137*
- Verbliebenes Saatgut sortieren, mit Datum versehen, kühl und trocken verwahren.

Arbeiten im Blumen- und Staudengarten

- Stauden nach der Blüte zurückschneiden und teilen; hübsche Fruchtstände, Wildstauden und Gräser bis zum Frühjahr ungeschnitten lassen. ➤ *siehe Seite 130/131*
- Stiefmütterchen und Vergissmeinnicht können noch spät gepflanzt werden, andere Zweijährige besser drinnen kühl und hell überwintern.
- Zwiebeln von Frühjahrsblühern vor den ersten Frösten stecken.
- Dahlien-, Gladiolen- und Begonienknollen sowie Blumenrohr (*Canna*) bei Frostbeginn ausgraben und drinnen überwintern.
  ➤ *siehe Seite 132/133*
- Letzte Sommerblumenbeete räumen, sobald die Spätblüher verblüht sind; bei trockenem Wetter gleich den Boden tiefgründig lockern. ➤ *siehe Seite 120/121*

Oktober / November

Arbeiten im Gemüse- und Kräutergarten

- Tomaten und andere Fruchtgemüse vor den ersten Frösten ernten; andere reife Gemüse ernten; sollten sie durch frühen Frosteinbruch gefroren sein, mit dem Ernten warten, bis sie wieder aufgetaut sind.

- Bei Gemüse, das noch draußen bleibt, vor Frostnächten Folie oder Vlies auflegen, bei starken Frösten Wurzelbereich mit Laub schützen. ➤ *siehe Seite 132/133*

- Sichere Saaten nur noch unter Glas möglich, z. B. Radieschen, Rettich, Kopfsalat, Winterportulak.

- Geräumte Beete bearbeiten; stark verunkrautete Beete mit schwarzer Mulchfolie überziehen. ➤ *siehe Seite 120/121*

- Rosmarin draußen sehr gut abdecken, besser drinnen überwintern.

- Gewächshausscheiben putzen, das verbessert den im Winter so wichtigen Lichteinfall.

Arbeiten an Zier- und Obstgehölzen

- In der zweiten Oktoberhälfte ist Hauptpflanzzeit für laubabwerfende Gehölze. ➤ *siehe Seite 124/125*

- Rosen anhäufeln, höchstens leicht zurückschneiden.

- Letzte Äpfel, Birnen, Pflaumen ernten (Vorsicht, nach Frost erst am Baum auftauen lassen); Kiwis möglichst lange ausreifen lassen; Fallobst gründlich entfernen. ➤ *siehe Seite 130/131*

- Obstbäume an der Sonnenseite mit Weißanstrich versehen, um Rindenschäden vorzubeugen. ➤ *siehe Seite 133*

- Leimringe gegen Frostspanner anbringen.

- Immergrüne bei Trockenheit wässern.

- Wildlingstriebe veredelter Gehölze entfernen.

- Obstbäume können schon geschnitten werden, ein Termin im Spätwinter oder zeitigen Frühjahr ist aber günstiger.
  ➤ *siehe Seite 138/139*

Arbeitskalender

Allgemeine Gartenarbeiten

- Im Garten und Schuppen aufräumen, Werkzeug und Geräte pflegen; überprüfen, ob Neuanschaffungen oder größere Wartungsarbeiten (z. B. bei Rasenmäher, Häcksler) nötig sind.
  ➤ *siehe Seite 136/137*

- In Gartenbüchern und -zeitschriften schmökern, interessante Anregungen und Ideen notieren, Kataloge von Pflanzenversendern bestellen, Gartentagebuch auswerten oder ein neues anlegen.

- Bei grimmigem Frost und anhaltender Schneedecke artgerechtes Vogelfutter und Trinkwasser bereitstellen, aber ansonsten die Vögel besser nicht füttern.
  ➤ *siehe Seite 135*

- Eventuell Bodenuntersuchungen durchführen lassen.
  ➤ *siehe Seite 119*

Arbeiten im Blumen- und Staudengarten

- Winterschutz bei Stauden und zweijährigen Sommerblumen überprüfen, wenn nötig, erneuern.
  ➤ *siehe Seite 132/133*

- Im Haus überwinterte Pflanzen (z. B. Rosmarin) und Knollen (z. B. von Dahlien) regelmäßig kontrollieren; Welkes, Faules und Krankes entfernen. ➤ *siehe Seite 133*

- Blumenbeete und Rabatten planen, Liste der bevorzugten Pflanzen zusammenstellen und nach Blütezeit ordnen.

- Samentüten vom Vorjahr durchsehen, wenn nötig, aussortieren.

Dezember / Januar

Arbeiten im Gemüse- und Kräutergarten

- Wintergemüse vor Frösten schützen (mit Fichtenreisig, Vlies, Sackleinen, Laub). ➤ *siehe Seite 132/133*
- Bei häufigem Wechsel zwischen Frost und mildem Wetter bald ernten oder ganze Pflanzen ausgraben und z. B. im Frühbeet lagern, dort Wurzeln in Erde einschlagen.
- Öfter nach gelagertem Gemüse sehen, Faules auslesen.
- Anbau- und Beetbelegungsplan erstellen, auf nötige Anbaupausen bestimmter Gemüse (z. B. bei Kohl) achten.
- Für frischen Vitamingenuss Gemüsesprosse am Fensterbrett anziehen (Kresse, Erbsen, Sojabohnen).
- Samentüten vom Vorjahr durchsehen, wenn nötig, aussortieren.
- Bei mildem, nicht zu nassem Wetter Bodenbearbeiten möglich.

Arbeiten an Zier- und Obstgehölzen

- Winterschutzabdeckungen bei Gehölzen regelmäßig überprüfen.
- Am 4. Dezember »Barbarazweige« von Forsythien, Zierkirschen, Kirschen oder Pflaumen für die Vase schneiden – sie blühen um Weihnachten.
- Immergrüne Gehölze bei frostfreiem Boden gießen, wenn nötig.
- Schneelasten von Ästen abfegen.
- Stammanstrich bei Obstbäumen nachholen oder erneuern. ➤ *siehe Seite 133*
- Spalierobst mit Reisig oder Jutesäcken vor Wintersonne schützen.
- Lagerobst wöchentlich kontrollieren, Lagerraum bei frostfreiem Wetter lüften. ➤ *siehe Seite 95*
- An frostfreien Tagen Obstgehölze schneiden, Ziergehölze (Sommer- und Herbstblüher) auslichten. ➤ *siehe Seite 138/139*

Bodenpflege und Herbstpflanzung

Selbst wenn es noch einmal einen »goldenen Oktober« gibt, neigt sich das Gartenjahr unweigerlich dem Ende zu. Doch nicht nur an sonnigen Herbsttagen hat das Spätjahr seinen besonderen Gartenzauber: Viele Gehölze flammen noch einmal mit intensiver Herbstfärbung auf, ehe sie ihr Laub fallen lassen; schmucke Fruchtstände setzen Farbtupfer mit ganz eigenem Flair, und auf den Staudenbeeten legen die Herbstblüher noch einmal richtig los.

Wenn Ihr Garten zum Herbst hin schon ein wenig farblos wird, empfehle ich Ihnen dasselbe wie für den Hoch- und Spätsommer: Nehmen Sie dies zum Anlass, um die Bepflanzung durch Herbstblüher und, soweit dafür noch Platz ist, durch herbstschöne Gehölze zu ergänzen. Sie machen den Abschied vom Sommer leichter und lassen so schnell keinen Trübsinn aufkommen – zumal manche farbige Herbstblätter und zierende Früchte oft noch bis spät im Jahr an den Zweigen haften.

Herbstsonne, Frost oder Dauerregen?

Scheint die Spätjahrssonne, machen die anfallenden Arbeiten, vom Ernten bis zur Bodenbearbeitung, richtig Spaß. Tagsüber ist es immer noch angenehm warm, aber doch schon deutlich frischer; genau richtig, wenn man sich draußen bewegt und die eine oder andere anstrengende Tätigkeit im Garten verrichtet.

Doch gerade klare, trockene Herbsttage gemahnen auch zur Vorsicht, was frostgefährdete Pflanzen angeht: In solchen Hochdruckwetterlagen fallen teils schon Ende September die bodennahen Temperaturen nachts unter den Nullpunkt, so dass Sie dann schon die Winterschutzmaterialen (z. B. Fichtenreisig) bereithalten sollten.

Bei trübem, auch nachts recht mildem Herbstwetter drohen stattdessen lange Regenperioden. Auch das zwingt zum Handeln und kann manche Terminplanung über den Haufen werfen. Schieben Sie deshalb die Boden- und Beetvorbereitung ebenso wie das letzte Rasenmähen nicht allzu lange auf. Denn mit zunehmenden Herbstniederschlägen wird es immer schwieriger, einen Zeitpunkt zu finden, an dem der Boden nicht zu nass, aber auch noch nicht gefroren ist.

Bei zeitig auftretenden Frösten oder stark verregnetem Herbst empfiehlt es sich, das Pflanzen empfindlicher Gehölze (z. B. Rosen) auf das nächste Frühjahr zu vertagen.

Gesunder Boden – wüchsige Pflanzen

Dem Gartenboden kann man eigentlich gar nicht genug Aufmerksamkeit widmen: In ihm finden die Pflanzen ihren Halt, aus ihm entnehmen sie über ihre Wurzeln Wasser und Nährstoffe. Seine Beschaffenheit entscheidet darüber, wie gut Samen keimen und wie kräftig junge Pflanzen heranwachsen, ebenso über den Erfolg und die Wirksamkeit des Gießens und Düngens.

Eine gute Bodenpflege ist deshalb die beste Voraussetzung für eine gedeihliche Pflanzenpflege.

Wie setzt sich ein Boden zusammen?

Möglicherweise wurde Ihr Gartenboden aufgeschüttet oder ist durch eine generationenalte Acker- oder Gartennutzung geprägt. Doch sein Untergrund hat noch eine viel ältere Vorgeschichte. Die Gesteine, aus denen er einst durch Verwitterung entstanden ist, die Sand- oder Tonschichten, die durch Wind, Wasser oder Gletscher heran-

geschoben wurden, der biologische Einfluss von Kleinsttieren, Mikroorganismen und Pflanzenwurzeln – dies alles hat über lange Zeiträume jeden Boden zu dem gemacht, was er ist, und beeinflusst bis heute seine Eigenschaften. Böden bestehen hauptsächlich aus mineralischen Teilen; außerdem aus abgestorbenen organischen Stoffen, aus Bodenorganismen sowie – in den vielen feinen Bodenporen – aus Wasser und Luft.

Die mineralischen Bestandteile liegen, von Steinen abgesehen, als winzige Körner vor. Nach der Korngröße unterteilt man sie in:
- Sand: größere Körnchen (2,0–0,06 mm Ø)
- Schluff: mittelfeine Körnchen (0,06–0,002 mm Ø)
- Ton: sehr feine Körnchen (unter 0,002 mm Ø)

Die Anteile dieser drei Korngrößenfraktionen entscheiden über die Bodenart.

Bei **Lehm**, fälschlich oft mit Ton gleichgesetzt, handelt es sich um eine Bodenart, die sich zu etwa gleichen Teilen aus Sand, Schluff und Ton zusammensetzt. Lehmböden bieten für das Pflanzenwachstum optimale Voraussetzungen. Auch **Schluffböden** eignen sich recht gut.

Sandböden sind locker, durchlässig, gut durchlüftet, leicht zu bearbeiten – aber auch trocken und eher nährstoffarm. Sie lassen sich durch Zugabe von tonmineralhaltigen Steinmehlen verbessern.

Tonböden dagegen können viel Wasser und Nährstoffe speichern, beides ist aber für die Pflanzenwurzeln schlecht verfügbar. Feucht bis nass und oft verdichtet, gehören sie zu den ungünstigsten Gartenböden. Obwohl sie schwer zu bearbeiten sind, sollten man sie im Herbst regelmäßig umgraben, um sie gründlich zu lockern. Tonböden lassen sich durch Untermischen von Sand und Kalk lockern. Bei Sand- wie bei Tonböden hilft die Erhöhung des Humusgehalts, die Eigenschaften auf Dauer zu verbessern.

Humus – Quell der Fruchtbarkeit

Unter Humus versteht man die zersetzten Abbauprodukte von Pflanzenteilen und Tieren, die sich im Boden anreichern und ihm seine dunkle Färbung verleihen. Die Bodenorganismen bauen die organischen Reste zu stabilen Humusstoffen um. Der leichter zersetzbare Anteil wird zu Nährhumus, dessen Nährstoffe dann wieder den Pflanzen zur Verfügung stehen. Zur segensreichen Tätigkeit der Bodenorganismen gehört außerdem, dass sie die Humusteilchen mit feinen Tonteilchen verkleben. Dadurch bildet sich ein stabiles Krümelgefüge, das für die Luft- und Wasserführung im Boden ideal ist. Humus verbessert auch die Wasser- und Nährstoffspeicherung und puffert

Lebendiger Boden

In einer Hand voll guten Bodens leben Millionen von Organismen, von Regenwürmern über Rädertierchen und Einzellern bis hin zu zahllosen Bakterien und Pilzen. Sie zerkleinern und zersetzen organische Reste, bauen sie um zu Humus, lösen Nährstoffe aus Mineralien oder sammeln sie aus der Luft und sorgen mit ihren Ausscheidungen für eine stabile, krümelige Bodenstruktur.

Freilich gibt es auch pflanzenschädliche Tiere, Pilze und Bakterien, die im Boden vorkommen. Doch die haben ihre natürlichen Gegenspieler, so dass ein reiches, vielfältiges Bodenleben auch Bodenschädlingen und Krankheiten vorbeugen kann.

Ein humoser, nährstoffreicher Boden mit stabiler, lockerer Struktur bietet Beetstauden wie den Rudbeckien die beste Voraussetzung für gesundes Wachstum und anhaltende Blütenpracht.

bis zu einem gewissen Grad starke Nährstoff-, pH-Wert- sowie Temperaturschwankungen ab.

Den Humusgehalt und das Bodenleben können Sie durch drei recht einfache Maßnahmen fördern:

- regelmäßige Kompostgaben,
- Mulchen freier Bodenflächen mit Grasschnitt/Laub,
- Gründüngung (siehe Seite 90).

Säuregrad und pH-Wert

Der pH-Wert ist eine Maßzahl für den Säuregrad des Bodens und reicht von 0 (extrem sauer) bis 14 (extrem alkalisch). Ein pH-Wert von 7 bedeutet neutral. Vom pH-Wert des Bodens hängt ab, wie gut Pflanzen die Nährstoffe aufnehmen können. Die meisten Pflanzen gedeihen bei pH-Werten zwischen etwa 6 und 7 am besten. Ein hoher pH-Wert geht meist mit hohem Kalkgehalt einher, weshalb z. B. kalkempfindliche Rhododendren und Heidegewächse saure Standorte (pH unter 5,5) brauchen. Der pH-Wert des Bodens lässt sich durch Zugabe von Torf und sauer wirkenden Düngern (z. B. Ammoniumsulfat) absenken, umgekehrt durch kohlensauren Kalk anheben.

Lassen Sie ab und an den Boden untersuchen

Mit einer Bodenuntersuchung erhalten Sie genauen Aufschluss über die wichtigsten Eigenschaften Ihres Bodens: die Bodenart, den pH-Wert und den Nährstoffgehalt. Oftmals wird auch der Humusgehalt analysiert.

Teils bieten Gärtnereien und Gartencenter solche Untersuchungen an, ansonsten kann Ihnen die zuständige Landwirtschaftskammer mit Adressen geeigneter Labore weiterhelfen, oder Sie sehen im Branchenbuch nach. Zwar gibt es auch ganz brauchbare Bodentest-Sets für eigene Untersuchungen, doch die Analysen professioneller Labore sind freilich viel genauer und zuverlässiger. Häufig erhalten Sie dann gleich auch konkrete Düngungs- und Bodenverbesserungsempfehlungen mitgeliefert. Eine Bodenuntersuchung ist in jedem Fall bei der Neuanlage eines Gartens oder Gartenteils empfehlenswert, danach alle 3–4 Jahre, vor allem im Gemüsegarten und beim Rasen. Der optimale Zeitpunkt liegt im Spätherbst oder zeitigen Frühjahr. Erkundigen Sie sich vorher beim beauftragten Labor, wie die Proben am besten entnommen, verpackt und beschriftet werden.

So lockern Sie den Boden gründlich

Umgraben oder nicht? Diese Frage führt immer wieder zu gärtnerischen Grundsatzdiskussionen. Denn das Umgraben lockert zwar den Boden effektiv, stört aber empfindlich das Bodenleben: Beim Wenden werden die Sauerstoff liebenden Organismen in luftärmere Schichten vergraben und umgekehrt. Zudem sind sie stärker der Kälte ausgesetzt, so dass es im Frühjahr recht lange dauert, bis sich das für die Bodenfruchtbarkeit so wichtige Gewimmel wieder voll regeneriert hat. Ich selbst bevorzuge bei nicht allzu tonhaltigen Böden mit guter Krümelstruktur die schonende, nicht wendende Bearbeitung, grabe dann aber trotzdem alle 3 oder 4 Jahre einmal um, um Verdichtungen unterhalb der Krume vorzubeugen.

 Das benötigen Sie

- Spaten, Grabegabel, Grubber, Kultivator oder Sauzahn
- festes Schuhwerk

 Diese Zeit brauchen Sie

zum Umgraben:
15–20 Minuten je qm
für das schonende Lockern:
20–30 Minuten je qm

 Der richtige Zeitpunkt

im Herbst nach dem Räumen von Beeten, bei nicht allzu feuchtem Boden; ansonsten auch ganzjährig zur Vorbereitung neuer Pflanzflächen

1. Umgraben: der erste Spatenstich

Umgraben empfiehlt sich in jedem Fall vor der Neuanlage von Beeten und Rasenflächen sowie bei stark verunkrauteten Böden, ebenso jährlich bei zu Verdichtung neigenden Tonböden. Wenn Sie diese aber allmählich mit Sand und Kompost verbessern, brauchen Sie mit der Zeit nur noch alle 2 Jahre umzugraben.
- Entfernen Sie zunächst größere Pflanzenreste mit Hacke und Rechen (diese kommen auf den Kompost).
- Heben Sie dann, am Beetrand beginnend, einen spatentiefen Graben aus. Stechen Sie das Spatenblatt möglichst tief ein, indem Sie durch Auftreten mit dem Fuß nachhelfen.
- Die ersten Spatenstiche können Sie am anderen Beetende zum Füllen des letzten Grabens ablegen oder aber über die Fläche verteilen.

2. Wenden Sie beim Graben die Schollen

Stechen Sie nun den zweiten Graben aus und legen Sie dessen Schollen – also die spatengroßen Erdbrocken – im ersten Graben ab. Dabei werden die Schollen gewendet, so dass die Unterseite nach oben zeigt. Auf diese Weise füllen Sie jeweils den vorherigen Graben mit den Bodenschollen des nächsten. Lesen Sie dabei sorgfältig Steine und vor allem Unkrautwurzeln aus. Die Schollen lassen Sie dann einfach bis zur Frühjahrsbearbeitung (siehe Seite 20/21) liegen. Durch stärkere Fröste werden sie schon vorzerkleinert.

 Expertentipp

Ratsam ist das Umgraben auch nach Jahren mit Schneckenplagen, dann am besten erst im Winter.

1. Schonend lockern mit der Grabegabel

Bei schonender Bearbeitung verzichten Sie ganz auf das Wenden des Bodens. Gelockert wird, indem Sie die Grabegabel in Abständen von 10 cm in den Boden stechen und hin- und herrütteln. Setzen Sie auch hier Ihren Fuß bzw. Ihr Gewicht ein, um die Zinken der Grabegabel möglichst tief einzustechen. Wie beim Umgraben arbeiten Sie am besten in Reihen.

Das Verfahren ist nicht nur boden-, sondern auch rückenschonender als das Umgraben, braucht aber etwas mehr Zeit.

Expertentipp

Gerade für das Lockern mit der Grabegabel sollte der Boden weder zu feucht noch zu trocken sein.

2. Schonend lockern: der zweite Arbeitsgang

Bei recht lockeren, sandigen und/oder humosen Böden ist die Nachbearbeitung schnell erledigt:
Sie ziehen einfach noch einmal den Grubber oder Kultivator durch und entfernen dabei auch gründlich alle Unkrautwurzeln.

Ein besonders praktisches Gerät für die Nachbearbeitung ist der Sauzahn mit nur einem, sehr kräftigem, rundlichem Zinken. Ziehen Sie den Sauzahn zunächst in einer Richtung diagonal zur Beetkante durch den Boden und dann nochmals im rechten Winkel zur ersten Arbeitsrichtung.

Bei sehr humusreichem, lockerem Boden können Sie sogar auf die vorherige Grabegabelarbeit verzichten und nur den Sauzahn einsetzen.

3. Mulchen: eine Winterdecke für den Boden

Da bei der nicht wendenden Bearbeitung keine Schollen entstehen, die der Frost über Winter zerkleinern soll, lassen sich gleich die Vorteile des Mulchens nutzen. Zuvor können Sie Kompost oberflächlich einarbeiten, danach decken Sie das Beet mit einer flachen Schicht aus Laub oder anderen Materialien ab. Der Boden friert dann nicht so stark aus, wird durch Herbst- und Winterregen weniger verschlämmt, und das Bodenleben kommt im Frühjahr schon zeitig in Schwung.

Bringen Sie aber keine allzu dicken Mulchpackungen auf, das könnte Wühlmäude und Mäuse anziehen. Und nach schneckenreichen Jahren lassen Sie die Mulchschicht besser ganz weg.

So legen Sie ein neues Beet an

Wenn zuvor genutzter Boden oder ein Rasenstück in Beete bzw. Pflanzflächen umgewandelt werden sollen, muss der Boden besonders gründlich und tiefreichend bearbeitet, eventuell auch verbessert werden. Auf Neubaugrundstücken, wo der Boden in der Bauphase reichlich strapaziert und teils übermäßig mit Bauschutt belastet wird, kann das Auftragen zugekauften Mutterbodens sinnvoll sein. Trotzdem sollten Sie auch den Boden darunter so gut wie möglich lockern. Manchmal ist es besser, eine Gartenbaufirma zu beauftragen, statt sich unnötig zu plagen, vor allem, wenn der Untergrund stark verdichtet ist.

Lassen Sie am besten frühzeitig eine Bodenuntersuchung durchführen; dann können Sie auch gleich geeignete Zuschlagstoffe wie Kalk, Sand oder Tonmehl einarbeiten (siehe Seite 118/119).

Für frisch in Kultur genommene Böden kann ich auch eine Gründüngung mit tief wurzelnden Pflanzen empfehlen – oder den Anbau von Kartoffeln, wodurch der Boden ebenfalls gut gelockert wird. Dadurch kann sich zwar die vorgesehene Erstbepflanzung verzögern, doch die Geduld lohnt sich.

1. Umrisse festlegen und Grasnarbe abschälen

Nachdem Sie den optimalen Platz für die neuen Beete gewählt haben, stellt sich die Frage nach deren Größe und Form.

- Gemüsebeete sollten für eine optimale Besonnung möglichst in Nord-Süd-Richtung angelegt werden. Sie sind üblicherweise rechteckig; eine Breite von 1,2 m hat sich als günstig zum Bearbeiten erwiesen. Die Länge richtet sich nach dem Platz und der gewünschten Einteilung; in der Regel sind 1,8–2,2 m recht praktisch. Denken Sie auch an den Platzbedarf für Wege zwischen den Beeten (30–40 cm), eventuell auch an breitere Wege (mindestens 60 cm), die später mit Pflaster oder Platten befestigt werden.

- Ähnliche Vorüberlegungen sind auch bei Blumen-, Stauden- und Strauchbeeten oder -rabatten nötig. Bei Zierbeeten wirken geschwungene oder abgerundete Konturen meist ansprechender als strenge Rechtecke.

Stecken Sie die Beetflächen am besten mit Pflöcken und einer gespannten Schnur ab. Geben Sie an allen Seiten ein paar Zentimeter Zuschlag, wenn angrenzende Wege oder breite Einfassungen geplant sind, entsprechend mehr.

»Schälen« Sie nun bei Wiesen- oder Rasenflächen die Grasnarbe ab, indem Sie den Spaten in flachem Winkel kurz unterhalb des Wurzelfilzes einstechen. (Grassoden, vermischt mit anderen Abfällen, ergeben ein gutes Kompostmaterial.)

2. Graben Sie gründlich um

Stechen Sie zunächst an der Spannschnur entlang die Kanten möglichst tief ein und bewegen dabei den Spaten etwas vor und zurück, so dass eine klare Trennlinie zur angrenzenden Fläche entsteht. Nun wird das neue Beet umgegraben, wie auf Seite 120 beschrieben.

Prüfen Sie dabei, wie stark der Boden unterhalb der ersten Spatenstiche verdichtet ist. Möglicherweise wird es nötig, den Oberboden auszuheben und den Unterboden z. B. mit einem Pickel zu lockern – oder aber 2–3 Spatenstiche tief umzugraben bzw. eine Firma mit entsprechenden Motorgeräten heranzuziehen.

3. Lockerung mit Schlaghacke und Krail

Unter einer flach abgeschälten Grasnarbe findet sich häufig eine schon recht annehmbare Erde, deren Erstbearbeitung mit Umgraben und Lockern im darauf folgenden Frühjahr schon erledigt ist. Sind die Schollen aber sehr fest und stark von Unkrautwurzeln durchzogen, dann kommen am besten gleich eine robuste Schlaghacke oder ein Krail mit kräftigen Zinken zum Einsatz.

 **Expertentipp**

Bei Flächen mit reichlich Wildwuchs sollten Sie am besten schon vor dem Umgraben mit Hacke und Krail dem Unkraut zu Leibe rücken.

4. Feste Beeteinfassungen

Falls Sie die Beete nur durch Festtreten der angrenzenden Pfade, mit einfachen Kanten oder durch Eingraben hochkant gestellter Platten oder Ziegelsteine abgrenzen möchten, können Sie das auch noch im Frühjahr tun (siehe Seite 21). Ansonsten ist es besser, feste Einfassungen, etwa mit Pflastersteinen, Platten oder Holzpalisaden, bald nach der ersten Bodenbearbeitung vorzunehmen, da dann nochmal einiges an Erde bewegt wird. Platten und Pflaster werden stets in ein Sand- und Feinschotterbeet über leicht verdichtetem Untergrund verlegt.

So pflanzen Sie Sträucher und Bäume

Das benötigen Sie

- Spaten, Schaufel, Grabegabel, Gartenschere, Gießkanne oder Schlauch ohne Brauseaufsatz; Latte zum Ausrichten der Pflanzhöhe, Pflöcke mit Schnur

Diese Zeit brauchen Sie

ca. 30–60 Minuten je Strauch oder Baum, bei kleineren Gehölzen und Heckenpflanzen etwas weniger

Der richtige Zeitpunkt

wurzelnackte und ballierte Gehölze: im Herbst oder Frühjahr

Containergehölze: ganzjährig, außer bei Frost

Je nachdem, ob Sie ballierte Gehölze, Containerware oder wurzelnackte Pflanzen wählen, gibt es im Detail zwar kleine Unterschiede, der Pflanzvorgang ist im Grunde jedoch gleich.

Graben Sie ein großzügig bemessenes Pflanzloch, in dem Wurzeln bzw. Erdballen bequem Platz finden und zudem seitlich wie unten einige Handbreit »Luft« bleiben. Lockern Sie den Boden der Grube, besonders bei schweren Böden auch die Wandungen, mit einer Grabegabel auf. Mischen Sie dem Aushub etwas Kompost, Sand und Gesteinsmehl unter.

Nicht veredelte Gehölze setzt man so tief, wie sie vorher in der Baumschule standen. Bei Obstbäumen kommt die leicht verdickte Veredlungsstelle etwa 10 cm über der Erde zu stehen, bei den meisten veredelten Ziergehölzen dagegen etwas unter der Bodenoberfläche.

Falls der Pflanzschnitt nicht ohnehin schon in der Baumschule durchgeführt wurde, lassen Sie sich beim Kauf genau erklären, welche Maßnahmen nötig sind. Dies kann je nach Gehölz und Wuchsform sehr verschieden sein.

1. Ballierte Gehölze einsetzen

Größere Gehölze pflanzt man am besten zu zweit: Einer hält den Stamm und richtet ihn optimal aus, während der andere die Erde einfüllt. Zum Höhenausgleich füllen Sie unter dem Ballen nach Bedarf Erde auf. Mit einer quer über die Grube gelegten Latte können Sie die Höhe beim Einsetzen gut austarieren. Bedenken Sie aber, dass sich der Boden später noch etwas setzt. Das Ballentuch verbleibt – sofern nicht aus Kunststoff – in der Grube und wird lediglich oben aufgeknotet. Gießen Sie ein- oder zweimal zwischendurch, während Sie die Erde an den Seitenrändern einfüllen.

2. Stützpfahl anbringen, Erde auffüllen, angießen

Für die meisten größeren Gehölze empfiehlt sich ein Stützpfahl, der bis zum Kronenansatz bzw. bis zu etwa 3/4 der Höhe des Haupttriebs reicht. Schlagen Sie den Pfahl gleich nach dem Einsetzen ein – bei größeren Ballen und auch bei Containerpflanzen am besten schräg, so ragt das Pfahlende bis zum Gehölz, ohne dass der Wurzelballen verletzt wird. Treten Sie nach dem Auffüllen der Erde die Oberfläche fest und häufen rings um die Pflanzgrube einen kleinen Gießwall an. Dieser erleichtert dann das gründliche Einschlämmen. Binden Sie zum Schluss den Stamm mit einer Achterschleife am Pfahl fest.

1.   Wurzelnackte Rosen pflanzen

Stellen Sie wurzelnackte Rosen vor dem Einsetzen einige
Stunden mit den Wurzeln oder gar komplett, also mitsamt den Trieben, in einen mit Wasser gefüllten Eimer.
Entfernen Sie dann verletzte und abgestorbene Wurzeln
und kürzen die restlichen etwas ein. Beim Einsetzen muss
die Veredlungsstelle etwa 5 cm unter die Erdoberfläche
kommen, damit sie gut vor Frösten geschützt ist.

Expertentipp

*Vor der Pflanzung im Frühjahr sind
sogar 12–24 Stunden Wasserbad
empfehlenswert.*

2.   Erde auffüllen und anhäufeln

Füllen Sie nach dem Einsetzen der Rose das Pflanzloch
zunächst nur etwa zu 3/4 mit Erde auf und wässern
schon einmal gründlich, damit die Wurzeln guten
Bodenkontakt bekommen. Füllen Sie dann ganz mit Erde
auf, drücken die Oberfläche an, gießen nochmals und
häufeln dann die Pflanzen bis kurz unter die Triebspitzen
mit Erde an. Darauf kommen in rauen Lagen noch Laub
und Nadelzweige als Winterschutz.
Schneiden Sie die Triebe auch bei Herbstpflanzung erst
im Frühjahr nach dem Abhäufeln auf 15–20 cm Höhe
zurück, wenn die stärksten Fröste vorbei sind.

Hecken pflanzen – ganz akkurat dank Richtschnur

Für Schnitthecken üblicher Höhe brauchen Sie etwa 3–
4 Pflanzen je laufenden Meter, bei Kleinsträuchern 5–10.
Heben Sie am besten keine einzelnen Pflanzlöcher aus,
sondern gleich einen durchlaufenden Graben. Spannen
Sie schon zum Anlegen des Grabens eine Richtschnur an
Pflöcken auf, damit die Hecke gerade wird. Pflanzen Sie
dann auch direkt entlang der Schnur.
Stellen Sie wurzelnackte Heckenpflanzen ebenso wie
Rosen zunächst einige Zeit mit den Wurzeln in ein
Wasserbad und kürzen Sie dann die Wurzeln etwas ein.

Ruhezeit und Neustart

Ob Schneeflocken, frostige Kälte oder »Schmuddelwetter« – spätestens im Lauf des Novembers verfällt der Garten gewissermaßen in den Winterschlaf. Hie und da fallen vielleicht noch ein paar tapfere Herbst- oder Winterblüher ins Auge, dort einige lang haftende rote Früchte, stehen gelassene auffällige Fruchtstände oder attraktive Rinden. Ansonsten aber prägen jetzt vor allem immergrüne Nadel- und Laubgehölze, die nun so richtig in den Vordergrund treten, das Gartenbild.

Auch für uns Gärtner brechen nun geruhsame Zeiten an, nachdem alle Wintervorkehrungen getroffen sind. Wer jetzt über eine vorübergehende Pause des grünen Treibens ganz froh ist, sollte das genießen. Etwas Abstand tut oft gut, und meist kommt der Spaß am Gärtnern im nächsten Frühjahr wieder ganz von selbst. Wen das grüne Hobby aber auch über Winter nicht loslässt, der findet z. B. mit dem Schmökern in Gartenkatalogen, -büchern und -zeitschriften ein weites Betätigungsfeld. Anregungen sammeln, neue Planungen austüfteln, das vergangene Gartenjahr Revue passieren lassen, ein Gartentagebuch anlegen oder auswerten – so kann man sich auch über Winter durchaus sinn- und lustvoll mit dem Gärtnern beschäftigen. Saatgut spezieller Pflanzen und Sorten lässt sich schon über Winter bestellen, und das Umsehen nach geeigneten Pflanzenlieferanten fürs Frühjahr schadet ebenso wenig wie zeitige Info-Streifzüge durch Gärtnereien, Baumschulen und Gartencenter.

Auch im Winter gibt's so einiges zu tun

Falls es Sie an etwas freundlicheren Wintertagen schon in den Fingern juckt, bieten sich vor allem Aufräumarbeiten an, draußen wie im Geräteschuppen, sowie die Wartung der Werkzeuge. Das ist über Winter ohnehin empfehlenswert, da im Frühling für solche Verrichtungen schon bald wieder die Zeit knapp wird.

Warten Sie mit dem Schneiden von Gehölzen besser – je nach Art – bis Januar, Februar oder März. Bei Temperaturen unter −5 °C sollte ohnehin nicht geschnitten werden. Außerdem besteht beim Schneiden im Herbst oder Frühwinter das Risiko, dass noch einige Triebe durch Frost absterben, wodurch das Strauch- oder Kronengerüst schließlich stärker reduziert wird, als einem lieb ist. Achten Sie auch darauf, über Winter den Rasen nicht allzu häufig zu betreten, das könnte Schäden nach sich ziehen.

Gärtnern mit dem Wetter

Sonne, Regen und Wind, Wärme, Kälte, Frost – die Wetterfaktoren haben direkten Einfluss auf das Wachsen und Gedeihen der Pflanzen. Auch viele Gartenarbeiten sind mehr oder weniger wetterabhängig und lassen sich z. B. bei nassem Boden oder großer Hitze schlecht durchführen. Es macht deshalb keinen Sinn, gegen das Wetter anzugärtnern. Je besser Sie die Wetterverhältnisse vor Ort kennen und Ihre Gartenaktionen danach ausrichten, desto einfacher und erfolgreicher wird dann die Pflanzenpflege sein.

Dem Wetter auf der Spur

Mit dem Begriff Wetter im engeren Sinn meint man die aktuellen Temperatur- und Niederschlagsbedingungen. Witterung steht für die vorherrschenden Wetterverhältnisse in einem bestimmten Zeitraum. Das Klima schließlich beschreibt den durchschnittlichen Jahreswetterverlauf an einem bestimmten Ort. Für das Gärtnern ist vor allem das regionale und lokale Klima von Interesse.

Dabei gibt es deutliche Unterschiede bei den durchschnittlichen Temperaturen und Niederschlagsmengen. Klimaabhängige »Knackpunkte« sind zudem der Eintritt des Frühlings, der je nach Wohnort um gut 4 Wochen variieren kann, sowie der ersten Fröste. In Höhenlagen muss man damit teils schon ab September rechnen, in klimamilden Regionen oft erst Mitte November. Freilich kann der Wetterverlauf, unabhängig vom Wohnort, auch jahresbedingt sehr unterschiedlich sein.

Der Wetterbericht im Fernsehen ist natürlich eine große Hilfe, besonders auf den Regionalsendern. Zudem gibt es verschiedene Angebote, regionale oder lokale Wettervorhersagen per Telefon oder im Internet abzurufen. Am besten aber lässt sich mit dem Klima vor Ort arbeiten, wenn eigene Beobachtungen dazukommen, indem man den Jahreswetterverlauf und seine Auswirkungen auf die Pflanzen genau registriert und dies regelmäßig in einem Garten- oder Wettertagebuch festhält.

Nützliche Helfer bei der Wetterbeobachtung sind:
- ein für den Außenbereich geeignetes Minimum-Maximum-Thermometer, von dem man auch die vorangegangene Höchst- und Tiefsttemperatur ablesen kann. Für zuverlässige Messwerte wird es am besten an einer schattigen Stelle in 1,5–2 m Höhe platziert;
- ein einfacher Regenmesser mit Plastikauffanggefäß und mm-Skala (dabei entspricht 1 mm Regenmenge 1 Liter Wasser je qm Boden);
- eine dekorative Windfahne, ein Wetterhahn oder ein Windsack zum Beobachten und Abschätzen von Windrichtung und Windstärke;
- ein Barometer zum Verfolgen der Luftdruckänderungen, das nicht draußen hängen muss, sondern auch im Haus untergebracht sein kann.

Klimagerechtes Gärtnern

Wetterbedingte Enttäuschungen und Misserfolge vermeiden Sie am besten, wenn Sie die Bepflanzung gemäß dem örtlichen Klima auswählen. So empfehlen sich für raue Lagen vorwiegend gut winterharte Gewächse und früh reifende Obstsorten. In feuchten, niederschlagsreichen Regionen machen Pilzkrankheiten am häufigsten Probleme, hier sollte man besonders auf krankheitsresistente Sorten achten. Und in warmen, trockenen Gegenden wählt man besser nicht allzu »durstige« Pflanzen. Um im Einklang mit dem örtlichen Klima zu gärtnern, sollten Sie außerdem folgende Punkte beachten:

Wie viel hat es geregnet?

Regenmesser gehören neben Windfahnen zu den preiswertesten Wettermessgeräten – und haben direkten praktischen Nutzen. Wenn die Skala auf dem Auffangbehälter wenigstens 10 mm anzeigt, dann kann man sich im Sommer den einen oder anderen Gießgang sparen. Denn dann sind 10 Liter Wasser je qm gefallen, was üblicherweise für eine gute Bodendurchfeuchtung ausreicht.

Platzieren Sie den Regenmesser nicht in der prallen Sonne, aber auch nicht im »Regenschatten« größerer Gehölze oder Gebäude. Vor Frostbeginn sollten Sie die Kunststoffbehälter entfernen, damit sie nicht durch gefrierendes Wasser aufplatzen und nutzlos werden.

Im geschützten Kleinklima von Mauern und Wänden können auch empfindlichere Pflanzen gut gedeihen. Eine helle Fassade reflektiert die Sonnenstrahlen und sorgt für mehr Licht und Wärme in ihrer direkten Umgebung.

● angepasste Saat- und Pflanztermine,
● geeignete Standortwahl, z. B. geschützte Plätze für empfindliche Pflanzen,
● ausreichende Winterschutzmaßnahmen.
Mit Gewächshaus, Frühbeet oder Folien und Vlies können Sie schließlich dem Klima hier und da ein Schnippchen schlagen. Und auch durch Ausnutzen und Verbessern des Kleinklimas lässt sich so manche kälteempfindliche Pflanze noch mit Erfolg kultivieren.

Das Klima im Kleinen

Lage, Ausrichtung und Geländeform des Grundstücks sowie die Bebauung und Bepflanzung in der näheren Umgebung prägen das Kleinklima im Garten.
● So hat man z. B. in freier Ortsrandlage eher mit Frost und kräftigen Winden zu tun als in einem allseits umbauten Stadtgarten.
● Gärten am Hang sind den Elementen besonders stark ausgesetzt, bieten bei Ausrichtung nach Süden aber auch Vorteile, da sie im Frühjahr und im Herbst mehr Sonne abbekommen als ebene Flächen.

● Windige Standorte sind kühler und trocknen schneller aus, außerdem reagieren manche Pflanzen empfindlich auf ständige »Zugluft«. Windschutzhecken oder massive Sichtschutzzäune können da deutliche Linderung verschaffen. Berücksichtigen Sie jedoch, dass solche Vorrichtungen meist auch zusätzlichen Schatten werfen. Außerdem gilt es zu bedenken: Eine dichte Wand hält den Wind zwar ein Stück weit ab, doch 30–50 m dahinter (je nach Wallhöhe) kann er dann umso stärker wüten. Dieser negative »Bremseffekt« lässt sich durch lockere Hecken, die noch ein wenig Wind durchlassen, vermeiden.
● Südwände speichern tagsüber die Wärme der Sonnenstrahlen und geben sie nachts wieder ab, wodurch die Frostgefahr gemildert wird und generell etwas höhere Temperaturen herrschen – der ideale Standort z. B. für Birnen und Pfirsiche. Sie haben aber auch Nachteile: Durch die Reflektion der Sonnenstrahlen heizt sich ihre Umgebung im Sommer stark auf, und im Frühjahr kann es zu vorzeitigem Austrieb kommen. Besonders hitzeempfindliche Pflanzen wie Rosen oder Fichten sind daher vor einer hellen Südwand schlecht aufgehoben.

Herbstliche Pflege- und Aufräumarbeiten

Wenn sich die Pflanzenwelt allmählich in ihr winterliches Ruhestadium verabschiedet, fallen noch einige letzte Pflegearbeiten an. Diese dienen zum einen dem »aufgeräumten« optischen Eindruck, zum andern sorgen Sie damit aber auch schon für das nächste Gartenjahr vor, sei es durch gezielte Nutzung des Herbstlaubs als Mulch oder Winterschutz, durch Beseitigen von Resten, in denen Schaderreger überwintern, oder durch den Staudenrückschnitt, der dichten Wuchs und Blütenfülle in der nächsten Saison fördert. Geräumt werden im Spätherbst schließlich auch die letzten Beete, von einigen winterharten Spätgemüsen abgesehen. Führen Sie auch hier gleich eine Bodenbearbeitung durch – sofern es das Wetter zulässt.

Das benötigen Sie

- Rechen, Fächerbesen, Besen, Gartenschere, Gartenmesser
- Säge und Wundverschlussmittel zum Behandeln von Astbruch

Der richtige Zeitpunkt

Laub je nach Anfall möglichst bald bei trockenem Wetter entfernen und sammeln

Fallobst und Fruchtreste möglichst gleich entfernen, spätestens zum Herbstende

Baumwunden nur bei frostfreiem Wetter nachbehandeln

Nutzen Sie das Herbstlaub als »Naturmaterial«

Herbstliches Falllaub wird in größeren Mengen oftmals als lästig empfunden. Doch andererseits liefert die Natur damit wertvolles Mulch- und Winterschutzmaterial frei Haus. Unter Bäumen und Sträuchern können Sie das Laub ohnehin liegen lassen, ebenso auf den Beeten. Hier müssen Sie das Laub eventuell mit dem Rechen etwas gleichmäßiger verteilen.

Abharken sollten Sie die Blätter allerdings von Rasenflächen, regelmäßig abfischen muss man sie außerdem aus Gartenteichen. Auch Gehwege und Treppen sollten Sie von Laub frei halten, weil es bei Nässe zu gefährlichen Rutschpartien führen kann.

Entfernen Sie außerdem alle von Krankheiten befallenen Blätter (auch nicht zum Mulchen verwenden).

Ansonsten eignet sich Laub hervorragend für Winterschutzabdeckungen und kann auch im Frühjahr noch zum Mulchen verwendet werden. Vermischt mit anderen Abfällen, lässt es sich gut kompostieren. Lagern Sie das Laub für spätere Mulch- oder Kompostverwendung so, dass es möglichst wenig verklebt. Luftige Drahtbehälter eignen sich hierfür am besten. Etwas problematisch sind stark gerbsäurehaltige oder sehr derbe Blätter, etwa von Walnuss, Kastanie oder Platane. Sie zersetzen sich sehr langsam und eignen sich keinesfalls zum Mulchen zwischen Jungpflanzen. Wenn man sie allerdings zerkleinert und mit Holzhäcksel oder Rindenmulch vermischt, verfügt man über eine praktische, da unkrauthemmende Auflage für unbefestigte Wege.

Lassen Sie Fallobst nicht unter den Obstbäumen liegen

Zwar verrotten abgefallene Früchte mit der Zeit, und zuweilen treiben aus den Samen sogar junge, allerdings meist schlecht fruchtende Obstbäumchen. Doch manche Schädlinge und Krankheiten, z. B. der Apfelwickler, nutzen die am Boden liegenden Früchte zum Überwintern und befallen von dort aus die Bäume im nächsten Frühjahr erneut. Entfernen Sie deshalb abgefallene Früchte regelmäßig. Früchte und Fruchtreste, die am Baum verblieben sind, schneiden Sie am besten im Spätherbst weg. Dies gilt besonders für missgestaltete Früchte und vertrocknete, eingeschrumpfte, braunschwarze Früchte (»Fruchtmumien«), die vor allem beim Steinobst öfter vorkommen und durch die Pilzkrankheit *Monilia* verursacht werden.

So behandeln Sie Baumwunden richtig

Kommt es bei starkem Wind oder durch schwere Schneelasten zu Astbruch, sollten Sie die Bruchstellen möglichst bald »verarzten«, denn im Winter verheilen solche Wunden nur sehr langsam.

Sägen Sie den gebrochenen Ast direkt am Stamm oder neben der Verzweigungsstelle eines günstig stehenden Seitentriebs sauber ab. Glätten Sie dann die Wundränder sorgfältig mit einem scharfen Gartenmesser und verstreichen Sie schließlich die ganze Sägestelle mit einem geeigneten Wundverschlussmittel.

➤ Expertentipp

Versorgen Sie auch beim Gehölzschnitt größere Wunden (etwa ab 4 cm Ø) durch Nachschneiden und mit Wundverschlussmittel.

Beetstauden – kräftiger Rückschnitt ist oft ratsam

Die meisten hoch wachsenden Beetstauden sollten im Herbst bzw. nach der Blüte knapp über dem Boden zurückgeschnitten werden. So bringen sie im nächsten Frühjahr reichlich neue Triebe und dann auch einen üppigen Flor.

Stauden, die ansprechende Fruchtstände ausbilden (z. B. Sonnenhut), schneiden Sie besser erst im zeitigen Frühjahr zurück. Das gilt auch für die meisten Wildstauden wie z. B. die Kugeldistel, deren Fruchtstände oft noch über Winter einen reizvollen Anblick bieten.

Auch die meisten höherwüchsigen Stauden für Schattenplätze, etwa Astilben, werden erst im Frühjahr geschnitten, wobei man sich hier sowieso auf das Herausschneiden verblühter Triebe beschränkt.

So schützen Sie Ihre Pflanzen über Winter

Geeignete Materialien

zum Abdecken des Wurzelbereichs:
Laub, Nadelholzreisig, Kompost, Rindenmulch

zum Schutz bodennaher Pflanzenteile:
Laub, Nadelholzreisig, Sackleinen, Jutestoff, Schutzvlies

zum Abdecken oder Umhüllen oberirdischer Teile:
Sackleinen, Jutestoff, Leintücher, Schutzvlies, Bast-, Schilfmatten

Um die meisten Gartenpflanzen müssen Sie sich während der kalten Jahreszeit keine Sorgen machen, selbst wenn der Winter streng ausfällt. Einen Schutz brauchen vor allem Arten, die ursprünglich aus wärmeren Ländern stammen, wie etwa mediterrane Kräuter, Stechpalme oder Rosen, sowie junge Pflanzen, besonders wenn sie gerade erst im Spätsommer oder Herbst gesetzt wurden.

Am wichtigsten ist der Schutz des Wurzelbereichs und bodennaher Triebknospen. Erfrorene oberirdische Teile können sich oft wieder erholen oder durch Neutriebe ersetzt werden, beschädigte Wurzeln dagegen führen oft zum Absterben der ganzen Pflanze. Besonders gefährlich sind so genannte Bar- oder Kahlfröste in klaren Nächten mit unbedecktem Himmel. Eine Schneedecke dagegen wirkt sogar isolierend.

Immergrüne Laub- und Nadelgehölze verdunsten über ihr Blattwerk auch während des Winters Wasser, können aber bei gefrorenem Boden das Nass nicht aufnehmen. Gießen Sie diese Pflanzen deshalb auch über Winter an frostfreien Tagen, spätestens dann, wenn sie Anzeichen von Wassermangel zeigen.

Nadelholzreisig – ein hervorragendes Abdeckmaterial

Fichten- und Tannenzweige haben sich als natürliches Schutzmaterial besonders bewährt: Mit ihren dicht stehenden Nadeln halten sie recht gut Kälte ab, sind aber trotzdem luftdurchlässig. Außerdem trocknen sie nach Regen schnell wieder ab und können kaum faulen oder vorzeitig verrotten.
Legen Sie die Nadelholzzweige dachziegelartig über die gefährdeten Pflanzen oder bedecken Sie damit ganz gezielt den Wurzelbereich.
Bei höheren Gewächsen steckt man sie rundum in die Erde, bei Kletterpflanzen kann man sie in die Triebe einbinden oder am Rankgerüst festklemmen.

Mit Herbstlaub rundum geschützt

Ein weiteres sehr gut isolierendes Naturmaterial ist Herbstlaub (es darf allerdings keine Anzeichen von Krankheitsbefall zeigen). Laub eignet sich besonders gut zum Abdecken des Wurzelbereichs. Sie können damit aber sogar empfindliche Junggehölze im unteren Sprossbereich rundum verpacken, wenn Sie es in eine Maschendrahtröhre einfüllen (Vorsicht, nicht zu dicht packen!). Wenn ich oberirdische Teile mit Laub schütze, kontrolliere ich gelegentlich, ob die Blätter nicht zu stark verkleben oder gar faulen. Wenn es wärmer wird, müssen Sie dicke Laubschutzpackungen über den Pflanzen lockern.

Der richtige Winterschutz für Rosen

Erde über dem Wurzelbereich anhäufeln, darüber etwas Laub oder Rindenmulch schichten und dann einige Fichtenzweige darüber legen: Das empfiehlt sich zumindest in frostgefährdeten Lagen für fast alle Rosen als Schutz. Hochstammrosen stülpen Sie am besten zusätzlich einen Jutesack über, der mit Holzwolle oder Stroh ausgefüllt und unterhalb der oben am Stamm sitzenden Veredlungsstelle zusammengebunden wird.
Bei Kletterrosen können Sie Tannenzweige zwischen die Triebe stecken. Robuste Strauch-, Wild- und Flächendeckerrosen kommen ohne besonderen Schutz aus.

Knollenpflanzen einwintern

Dahlien, Gladiolen, Knollenbegonien und Blumenrohr (*Canna*) kommen im Freien kaum sicher über die kalte Jahreszeit. Nehmen Sie deshalb vor Frostbeginn die Knollen aus dem Boden. Entfernen Sie Stängelreste sowie anhaftende Erde und lassen Sie die Knollen an einem luftigen Ort abtrocknen. Betten Sie die Knollen dann in sandgefüllte Kisten und überwintern Sie sie in einem kühlen, frostfreien und trockenen Raum.

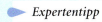 *Expertentipp*

Kontrollieren Sie über Winter öfter, ob faulende oder kranke Knollen ausgelesen werden müssen.

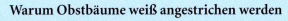

Warum Obstbäume weiß angestrichen werden

Das Wechselspiel von klaren, sonnigen Tagen und frostigen Nächten in den Wintermonaten setzt die Rinde, vor allem junger Obstbäume, stark unter Spannung. Es kann zu Frostrissen und -spalten kommen, die wiederum den Eintritt von Schädlingen und Krankheiten begünstigen. Hier hilft ein heller Anstrich, der die wärmenden Strahlen reflektiert. Im Fachhandel erhältliche Weißanstriche enthalten nebenbei oft noch Rindenpflegemittel. Streichen Sie damit nicht nur die Sonnenseite des Stamms ein, sondern auch den Kronenansatz.

Fördern Sie die Tierwelt im Garten

Ein Garten ohne Vogelgezwitscher wäre eine recht trostlose Angelegenheit. Und auch wenn sich Vögel manchmal durch Fressen von Samen, Picken an Jungpflanzen oder Früchten unbeliebt machen, sind sie doch meist gern gesehene Gartenbesucher. Vielen Gartenbesitzern macht es Freude, die gefiederten Gäste zu beobachten. Ebenso gehören etwa hübsch gefärbte Falter, schillernde Libellen, huschende Eidechsen, aus ihren Verstecken hervorlugende Igel oder an Bäumen hochflitzende Eichhörnchen zu den Gartenerlebnissen, an denen nicht nur Kinder viel Spaß haben.

Ein reichhaltiges Tierleben im Garten trägt aber auch dazu bei, dass sich Schädlinge nicht zu stark ausbreiten. Vögel, Igel, Spitzmäuse, Frösche, Kröten, Marienkäfer und etliche andere Tiere zählen zu den Nützlingen, die eifrig Schädlinge vertilgen (siehe auch Seite 84). Schon dies ist Grund genug, ihnen den Aufenthalt im Garten so angenehm wie möglich zu machen.

Nicht zuletzt leisten Sie auch einen Beitrag zum Naturschutz, wenn Sie Wildtiere in Ihrem Garten so gut wie möglich unterstützen. Denn jenseits solch grüner Refugien fehlt es ihnen häufig an geeigneten Lebens- und Überlebensbedingungen – tiergerecht angelegte Gärten werden deshalb immer wichtiger.

Artgerechte Niststätten für Vögel

Ungestörte Nistplätze sind bei den gefiederten Gartengästen besonders geschätzt. Die meisten bereitgestellten Nistkästen entsprechen allerdings am ehesten noch den Bedürfnissen von Meisen, Feldsperlingen und anderen kleinen Höhlenbrütern. Stare oder Wiedehopfe etwa brauchen geräumigere Kästen mit größeren Fluglöchern; Rotkehlchen und Zaunkönig bevorzugen Halbhöhlen, und für Mauersegler, Käuze und Schwalben sind Spezialnisthilfen erforderlich. Etlichen Singvögeln reichen aber auch schon Hecken und dichte Gebüsche zum Nisten aus. Zu diesen so genannten Freibrütern zählen z. B. Grün- und Buchfink, Bachstelze und Girlitz.

● Bringen Sie neue Nistkästen am besten bereits im Herbst an. Sie werden dann oftmals schon von Vögeln als Winterquartier genutzt.

● Befestigen Sie die Kästen an einem nicht zu sonnigen Ort in 1,5–3 m Höhe sicher an Wänden, Bäumen oder speziell aufgestellten Pfosten. Das Flugloch sollte gen Südosten zeigen, der Kasten leicht nach vorn geneigt sein, so dass es nicht hineinregnen kann.

● Sorgen Sie dafür, dass keine Katzen an die Kästen kommen können.

► **Expertentipp**

Informationen zu geeigneten Nisthilfen, Bezugsquellen und eventuell auch Tipps für den Selbstbau bieten Ihnen die örtlichen Vogel- und Naturschutzverbände.

Soll man Vögel im Winter füttern?

»Keinesfalls«, lautet die radikale Antwort mancher Experten. Tatsächlich wurden z. B. Stare mancherorts durch überreichliche Fütterung schon so verwöhnt, dass sie auf den Vogelzug in wärmere Regionen ganz verzichteten und im Frühjahr dann die besten Brutplätze besetzten. Doch bei geschlossener Schneedecke oder anhaltendem starkem Frost kann man Meisen & Co. durch zurückhaltende, artgerechte Fütterung durchaus sinnvoll helfen. Verwenden Sie nur geeignetes Fertigfutter aus dem Fachhandel und stellen Sie es an einem geschützten, trockenen und regelmäßig gereinigten Platz bereit.

Unterschlupf für allerlei Getier

Vögel, Igel, Spitzmäuse, Kröten, Zauneidechse, Blindschleiche, Marienkäfer und andere Nützlinge – all diesen Tieren können Sie auf einfache Weise einen Rückzugs- und Überwinterungsort schaffen: durch einen locker aufgeschichteten Holzhaufen aus Gehölzschnitt, abgebrochenen Zweigen und Wurzelstrünken, der in einer ruhigen Gartenecke platziert wird.

 *Expertentipp*

> Auch Steinhaufen werden von manchen Tieren, z. B. Eidechsen, gern als Unterschlupf angenommen.

Laubhaufen als Winterquartier

Anders als Totholz- oder Steinhaufen ist eine Laubaufschüttung keine Dauereinrichtung, bietet aber besonders Igeln einen »molligen« Überwinterungsort, der außerdem z. B. von Spitzmäusen, Fröschen und Kröten geschätzt wird. Auch dies ist eine Möglichkeit, größere Mengen an Falllaub, eventuell vermengt mit etwas Gehölzschnitt, sinnvoll zu nutzen.

Geräte gut warten – das rentiert sich

Für viele Gartenbesitzer gehört die Gerätepflege nicht gerade zu den Lieblingsarbeiten. Doch das gründliche Säubern und Warten der Werkzeuge erhöht deren Lebensdauer, zum Teil auch die Betriebssicherheit.
Ich weiß aus eigener Erfahrung, wie lästig es sein kann, wenn man gerade etwas Zeit zum Rasenschneiden hat – und dann springt der Mäher nicht an. Oder wenn der Elan im Frühjahr gleich gebremst wird, weil der bereits angeknackste Hackenstiel bricht. Sorgfältiges Reinigen der Arbeitsgeräte bis hin zu Eimern oder Stecketiketten, hilft auch, der Übertragung hartnäckiger Krankheitserreger vorzubeugen. Besonders wichtig ist dies bei Anzuchtgefäßen sowie Pflanzenstützen.

 Das benötigen Sie

- ➤ kräftige Kunststoffbürste, Drahtbürste, Lappen
- ➤ Wasser, evtl. Schmierseife, Essig (Essigwasser nicht erhitzen!)
- ➤ Schraubenzieher, Zange und ähnliches Werkzeug
- ➤ Pflegeöl, Schmieröl
- ➤ evtl. Wetzstein

 Diese Zeit brauchen Sie

1–2 Stunden, je nach »Gerätepark«

 Der richtige Zeitpunkt

am besten gleich zum Ende der Gartensaison

Handgeräte – so halten sie länger

Säubern Sie Spaten, Hacken und andere Handgeräte zunächst von anhaftenden Erdresten – von den Metallteilen ebenso wie von den Holzstielen. Eine kräftige Bürste, Lappen und Wasser leisten dabei gute Dienste. Reiben Sie dann die Metallteile trocken und fetten Sie sie ein (Pflanzenöl eignet sich gut). Leichten Rost können Sie zuvor mit einer Drahtbürste beseitigen, stärkeren mit einem Rostentferner. Überprüfen Sie auch, ob die Stiele noch in Ordnung sind und fest in der Halterung sitzen. Ein Leinölanstrich schützt unlackierte Stiele.

 Expertentipp

Säubern Sie auch den Schubkarren und schmieren Sie die Radachse mit ein paar Tropfen Öl.

Schnittwerkzeug: Schärfe ist Trumpf

Gartenscheren, Messer und Sägeblätter sollten Sie nicht erst beim herbstlichen Aufräumen reinigen, sondern nach jedem Gebrauch gründlich abwischen, ggf. auch feucht oder mit Desinfektionsmittel (z. B. Alkohol) und dann trocken nachreiben. Doch Vorsicht an den Schnittflächen der Klingen – riskieren Sie keine Verletzungen.
Stumpfe Sägeblätter werden spätestens beim Herbstcheck ausgetauscht. Messer- und Scherenklingen können Sie selbst mit einem Wetz- bzw. Abziehstein schärfen. Ein Fachbetrieb bekommt das aber in der Regel sauberer hin, mit optimal geschliffenen Kanten.
Lagern Sie Gartenscheren am besten aufgeklappt, damit die Feder nicht ständig unter Spannung stehen muss und länger stramm bleibt.

Rasenmäher – hier lohnt sich Wartung besonders

Bei Motorgeräten macht sich natürlich alles bezahlt, was die Lebensdauer der relativ teuren Anschaffung verlängert. Zugleich ist hier die Betriebssicherheit entscheidend.

Es empfiehlt sich, wenigstens alle paar Jahre eine Wartung durch einen Fachbetrieb durchführen zu lassen. Achtung, ziehen Sie bei allen Arbeiten zuvor das Zündkabel ab bzw. den Netzstecker heraus!

Gras- und Erdreste in Mähwerk und Lüftungsschlitzen des Rasenmähers sollten nach jedem Mähen entfernt werden, besonders gründlich aber vor der Winterpause.

Überprüfen und reinigen Sie bei Benzinmotoren die Zündkerzen und kontrollieren Sie bei Elektromähern die Kabel. Beachten Sie ansonsten unbedingt die Wartungsempfehlungen des Herstellers.

Gießgeräte, Spritzen und Pumpen überwintern

Wenn Wasserreste in Gießkannen, Schläuchen und ähnlichem Zubehör verbleiben, drohen bei Frost Materialschäden bis hin zum Aufplatzen. Entleeren Sie deshalb Gießkannen und Schläuche komplett und bringen Sie sie frostfrei unter.

Auch Pflanzenschutzspritzen werden nach mehrmaligem Durchspülen mit klarem Wasser ganz entleert und frostfrei aufbewahrt.

Trocken und frostfrei – so sollten Sie auch Pumpen überwintern, mit Ausnahme von Unterwasserpumpen (Bedienungsanleitung beachten!).

▶ *Expertentipp*

Befreien Sie Brausen- und sonstige Gießaufsätze ‚wenn nötig, von Kalkablagerungen und Schmutzresten.

Ordnung im Geräteschuppen: erfreut nicht nur das Auge

Der praktische Vorteil eines aufgeräumten Geräteschuppens liegt auf der Hand: Man muss nicht lange suchen, hat guten Zugriff auf alle Gerätschaften und vermeidet Unfallgefahren durch herumliegende oder umkippende Utensilien.

● An Hakenleisten oder Wandhalterungen lassen sich Stielgeräte und Schläuche übersichtlich und Platz sparend unterbringen.

● Kleine Steh- und Wandregale für Handgeräte, Töpfe und allerlei Zubehör sind eine lohnende Investition, ebenso ein paar Schubladen für Pflanzetiketten, Bindeschnur, Gartenmesser usw.

● Wenn Kinder im Haus sind, sollten Sie Pflanzenschutzmittel unbedingt in einem abschließbaren Wandschränkchen verstauen.

Obstbäume schneiden – kein Zauberwerk

 Das benötigen Sie

- Garten- und Astschere
- Ast- oder Baumsäge
- Wundverschlussmittel
- stabile Leiter für höhere Bäume

 Diese Zeit brauchen Sie

30–45 Minuten je Baum

 Der richtige Zeitpunkt

Hauptschnittzeit im Spätwinter (Januar, Februar); aber auch im zeitigen Frühjahr, Sommer oder Spätherbst möglich

Obstbäume brauchen einen regelmäßigen Schnitt. Zum einen, um eine Krone mit gut verteilten Hauptästen zu erhalten und dafür zu sorgen, dass sie licht bleibt; zum andern investieren die Bäume ihre Kraft je nach Alter und Wuchstyp eher in das Triebwachstum oder aber in die Bildung von Fruchtholz, was sich durch Schnittmaßnahmen ausgleichen lässt. Das Fruchtholz – meist Seitentriebe – soll zudem immer wieder durch neues ersetzt werden. Schließlich bewahrt das Schneiden den Baum auch vor dem vorzeitigen Vergreisen.

Der Baumschnitt ist nicht überaus kompliziert, unterscheidet sich aber je nach Obstart, Baumalter, Wuchsstärke und Erziehungsform.

Ich kann hier nur kurz einige grundlegende Schnittmaßnahmen beschreiben. Für den »genaueren« Schnitt sollten Sie zumindest Spezialliteratur hinzuziehen oder sich von einem erfahrenen Gärtner beraten lassen. Praktische Schnittkurse sind nicht nur für Einsteiger sehr empfehlenswert.

Beachten Sie auch die Tipps zur Schnittführung auf Seite 43 sowie die Hinweise zum Auslichten beim Steinobst auf Seite 95.

1. Pyramidenkrone: Wählen Sie geeignete Gerüstäste

Obstbäume werden häufig in der »klassischen« Pyramidenform erzogen: mit Mittelast und mehreren Leitästen. Von diesen Gerüstästen zweigen dann die fruchttragenden Triebe ab. Behalten Sie beim Schnitt stets das »Idealbild« im Auge, auch wenn es sich teils nur annähernd erreichen lässt: ein gerader, aufrechter Mittelast, umgeben von 3–4 gleichmäßig rundum verteilten Leitästen, die im 45°-Winkel am Stamm ansetzen. Um dies zu erreichen, können Sie die Leitäste bis zu einer günstig stehenden Abzweigung zurückschneiden. Junge Leitäste lassen sich durch Aufbinden oder Abspreizen im Sommer im passenden Winkel formieren (siehe Seite 77).

2. Rückschnitt und Auslichten der Krone

Alle weiteren starken Äste, die für den Gerüstaufbau nicht benötigt werden, können Sie entfernen, ebenso lange, kräftige Seitentriebe, die mit den Hauptästen konkurrieren. Schneiden Sie dann die Spitzen der Leitäste auf gleiche Höhe zurück, die so genannte Saftwaage. Der Mittelast sollte diese gedachte Linie dann so weit überragen, dass sich ein »Dreiecksdach« mit einem Winkel von rund 120° an der Spitze ergibt, und muss dazu eventuell eingekürzt werden. Lichten Sie dann zu dicht stehende Seitentriebe aus, besonders nach innen wachsende auf den Oberseiten der Leitäste.

Behalten Sie Konkurrenztriebe im Auge

Am Mittelast und auf den Oberseiten der Leitäste wachsen immer wieder kräftige, aufwärts gerichtete Triebe, die bald mit den Gerüstästen wetteifern. Das führt dann bei schlecht geschnittenen Bäumen zu unübersichtlichen Vergabelungen. Manchmal kann man solche Konkurrenztriebe aber auch brauchen: Wenn sie günstig stehen, lassen sich damit beschädigte Gerüstäste ersetzen.

➤ *Expertentipp*

Bei Birnen kann man hoch strebende Mitteläste durch tiefer ansetzende Konkurrenztriebe ersetzen.

Das Fruchtholz im Blickpunkt

Ein gezielter Fruchtholzschnitt erfordert schon etwas Detailkenntnisse. Wenn Sie aber darauf achten, wo die meisten Blüten gebildet werden und wo der Fruchtansatz mit der Zeit nachlässt, ist junges und überaltertes Fruchtholz bald identifiziert. Je nach Art bleiben die Fruchttriebe etwa 3–5 Jahre produktiv. Ältere, bogenförmig überhängende Fruchttriebe schneiden Sie bis zu einem kräftigen Trieb auf der Oberseite zurück. Entfernen Sie beim Kernobst auch die ältesten Fruchtquirle; das sind gestaucht wirkende, mehrfach verzweigte, etwas »knorrig« aussehende Fruchttriebe.

Schneiden Sie ohne Stummel »auf Astring«

Ob Äste am Stamm entfernt werden oder Seitenzweige am Ast – Sie sollten die Triebe direkt an ihrer Ansatzstelle wegschneiden, so dass nur eine flache Scheibe übrig bleibt: der Astring. An dieser teils wulstartig verdickten Stelle befindet sich reichlich teilungsfähiges Gewebe, das für ein schnelles Überwallen der Wunde sorgt.
Nur bei Kirschen und Pfirsich schneiden Sie besser auf kurze Stummel, falls beim Schneiden viel gummiartige Flüssigkeit austritt. Im nächsten Jahr entfernen Sie diese Stummel dann ebenfalls auf Astring.

Welche Natur- und Umweltschutzregelungen betreffen Gärtner?

Ganz unterschiedliche Regelungen und Gesetze betreffen das Gärtnern direkt oder indirekt, darunter z. B. örtliche Baumschutzverordnungen.

Das sollten Sie beachten:

Erkundigen Sie sich im Zweifelsfall bei der zuständigen Verwaltung, z. B. vor dem Fällen alter Bäume oder dem Verbrennen von Gartenabfällen. Entsorgen Sie Pflanzenschutzmittelreste über den Sondermüll, nutzen Sie Rabatte für Selbstkompostierer. Belassen Sie geschützte Pflanzen in der Natur, nutzen Sie besser das Wildpflanzenangebot von Gärtnereien.

Wie sind Grenzabstände und kleine Gartenbauten geregelt?

Beim Pflanzen von Hecken, Sträuchern und Bäumen müssen genau festgelegte, aber in jedem Bundesland unterschiedliche Mindestabstände zur Nachbargrenze eingehalten werden; teils auch für Gartenlauben usw.

Das sollten Sie beachten:

Erkundigen Sie sich im Zweifelsfall bei der zuständigen Gemeinde-, Stadt- oder Kreisverwaltung, auch ob für Baulichkeiten wie größere Garten- und Gewächshäuser Baugenehmigungen nötig sind. Vielerorts gibt es zudem Vorgaben zu Art und Höhe der Grundstückseinfriedung.

Was tun bei Nachbarschaftskonflikten am Gartenzaun?

Im Allgemeinen ist es am besten und einfachsten, wenn man versucht, sich abzustimmen und ein wenig kompromissbereit bleibt.

Das sollten Sie beachten:

Vom Nachbargrundstück überhängende Zweige und eindringende Wurzeln dürfen nur bei deutlicher Beeinträchtigung und nach Setzen einer Frist entfernt werden. Weitere Streitfälle: überhängendes Obst (gehört dem Baumbesitzer), Begrünung einer Grenzmauer (nur mit Zustimmung des Nachbarn); Unkrautsamenflug (unterschiedliche Gerichtsurteile).

Wie viel Lärm darf man machen bzw. muss man ertragen?

Zu eventuellen Lärmbelästigungen durch Gartenarbeiten und -feste gibt es eindeutige Regelungen. Schwieriger wird es bei quakenden Fröschen und krähenden Hähnen, hierzu gibt es unterschiedliche Gerichtsurteile.

Das sollten Sie beachten:

Für Rasenmähen und Häckslerbetrieb gilt die Lärmschutzverordnung: nur werktags von 7–19 Uhr; vielerorts ist außerdem Mittagsruhe vorgeschrieben. Gartenfeste müssen ab 22 Uhr auf Zimmerlautstärke reduziert werden, falls sich Nachbarn beschweren.

Sicherheits- und Rechtsfragen

Gelten Kompost und Grillfeste als Geruchsbelästigung?

»Geringfügige« Geruchsbelästigung durch Kompostplätze ist nach Gerichtsurteilen zumutbar, aber natürlich ebenso Auslegungssache wie die noch duldbare Nasenreizung durch Grilldüfte.

Das sollten Sie beachten:

Bei ordentlichem Aufsetzen des Komposts ist die Entwicklung unangenehmer Düfte minimal. Grillen mit starker Qualmentwicklung (bei Verbrennen ungeeigneten Materials) kann mit Bußgeld geahndet werden; ansonsten ist gelegentliches Grillen für den Nachbarn zumutbar.

Welche Gartenrechte und -pflichten hat man als Mieter?

Wenn im Vertrag nicht ausdrücklich anders vereinbart, liegt die Gestaltung und Pflegeintensität im Allgemeinen im Ermessen des Mieters, solange keine Schäden an der Mietsache entstehen.

Das sollten Sie beachten:

Das Entfernen oder Pflanzen von Gehölzen muss mit dem Vermieter abgestimmt werden, ebenso andere wesentliche Veränderungen des Pflanzenbestands. Pflegt der Mieter den Garten, dann darf er auch das dort befindliche Obst ernten.

Wie lassen sich Unfall- und Gesundheitsrisiken vermeiden?

Mit genügend Umsicht und Verwendung geeigneter Gerätschaften (z. B. sicherheitsgeprüfte Motorgeräte, stabile Leitern) kann man eventuelle Gefahrenquellen leicht ausschließen.

Das sollten Sie beachten:

Befolgen Sie Anwendungsvorschriften für Pflanzenschutzmittel peinlich genau; beim Arbeiten mit giftigen Stoffen Schutzkleidung tragen. Giftpflanzen möglichst mit Handschuhen anfassen oder hinterher Hände waschen. Eine Tetanusimpfung ist für Gärtner sehr empfehlenswert.

Wie lassen sich Gefahren für Kinder vermeiden?

Für kleine Kinder können besonders Pflanzen mit giftigen Früchten sowie tiefe Teiche sehr gefährlich werden. Deshalb verzichtet man am besten auf beides, bis die Kinder älter sind.

Das sollten Sie beachten:

Sichern Sie bereits bestehende Teiche gründlich ab. Pflanzenschutzmittel müssen stets unzugänglich für Kinder aufbewahrt werden. Solche Vorsichtsmaßnahmen gelten auch, wenn z. B. Nachbarkinder Zugang zum Garten haben, nicht zuletzt, weil man schlimmstenfalls für Unfälle haftet.

Pflanzen für die Herbstpflanzung

Im Oktober, in milden Lagen sogar bis November, können zwar noch einige Stauden, Blumenzwiebeln und -knollen gesetzt werden, doch der Voll- und Spätherbst ist vor allem die große Pflanzzeit für Laub abwerfende Gehölze. Ballierte und wurzelnackte Junggehölze lassen sich nur während der Vegetationsruhe sicher pflanzen. Dann verdunsten die unbeblätterten Sprosse kein Wasser, und die Wurzeln haben Zeit, Fuß zu fassen, bis der Neuaustrieb erscheint.

Die heute zahlreich angebotenen Containerpflanzen haben herkömmliche Fixtermine freilich über den Haufen geworfen, da sie auch in belaubtem Zustand gepflanzt werden können. Zudem gibt es einige Ausnahmen, die selbst als Ballenware besser im Frühjahr in die Erde kommen (siehe Seite 46/47).

Wundern Sie sich nicht, wenn Sie auch auf den folgenden Seiten manche Gehölze finden, bei denen ich eher zur Frühjahrspflanzung rate – sie werden dennoch hier vorgestellt, damit Sie z. B. alle Obstbäume auf denselben Seiten vor sich haben. (Hinweise zu den verschiedenen Angebotsformen bei Gehölzen finden Sie auf Seite 19.)

»Drum prüfe, wer sich lange bindet ...«

Gehölze, besonders Bäume und große Sträucher, sind eine nicht ganz billige Anschaffung, begleiten Ihr Gärtnerdasein oft über Jahrzehnte hinweg oder können sogar mehrere Gärtnergenerationen erfreuen. Sorgfältige Arten- und Standortwahl sind deshalb besonders wichtig.

● Berücksichtigen Sie bei der Auswahl unbedingt die spätere Wuchshöhe und -breite. Es braucht zwar schon etwas Fantasie, sich das zierliche Bäumchen oder Sträuchlein in 10 oder 20 Jahren vorzustellen. Doch wenn die Gehölze dann zu eng stehen, durch Schattenwurf oder Wuchs angrenzende Gartenbereiche beeinträchtigen oder gar Schäden am Haus verursachen – dann hilft meist nur noch das Fällen. Man kann manche große Gehölze kräftig kappen, aber das Wuchsbild leidet darunter sehr, und nicht alle vertragen diesen radikalen Eingriff. Der Breitenwuchs lässt sich meist noch wesentlich schlechter eindämmen.

● Achten Sie gerade bei der Gehölzauswahl auch auf die Sortenbezeichnungen. Verschiedene Sorten derselben Art können sich nicht nur in Blütenfarben, Blattformen und Früchten unterscheiden, sondern auch stark in ihren Wuchseigenschaften, ja sogar in den Standortansprüchen.

Obstbäume für den Garten

Apfel
Malus domestica

Höhe/Breite: 2,5–8 m/2–6 m
Erntezeit: August–November

Aussehen: wird bevorzugt als Busch, Spindelbusch oder schmaler Säulen- apfel (»Ballerina«) gepflanzt bzw. ge- zogen; Blätter eiförmig zugespitzt; Blüten weiß bis rosa, April–Mai; Fruchtfärbung je nach Sorte
Standort: humoser, nährstoffreicher, tiefgründiger Boden
Anbau: vorzugsweise im Herbst pflanzen, so einsetzen, dass die ver- dickte Veredlungsstelle eine Hand- breit über der Erdoberfläche zu stehen kommt; kleine Formen auch als Hecken und am Spalier; andere Apfelsorten als Pollenspender nötig
Pflegen: Baumscheibe von Unkraut frei halten, mulchen; im Frühjahr düngen; bei Trockenheit gut gießen; Schnitt bevorzugt im Spätwinter
Ernten: Pflückreife je nach Sorte, wenn die sortentypische Ausfärbung erreicht ist und sich die Früchte beim Drehen leicht am Stiel ablösen

Sauerkirsche
Prunus cerasus

Höhe/Breite: 2–8 m/2–6 m
Erntezeit: Juni–August

Aussehen: meist als Buschbaum oder niedriger Halbstamm gepflanzt; Blätter eiförmig zugespitzt; Blüten weiß, früh im April–Mai; rote oder gelbrote Steinfrüchte
Standort: auch leicht beschattet; humoser, tiefgründiger Boden
Anbau: Herbstpflanzung günstig; mit Veredlungsstelle über dem Boden einsetzen; Sorten meist selbstfruchtbar
Pflegen: Baumscheibe frei halten oder mulchen; Kompostgaben im Frühjahr; bei Trockenheit kräftig gießen; nach der Ernte auslichten, abgetragene Fruchttriebe entfernen
Ernten: Früchte bei voller Ausfär- bung pflücken oder abschneiden

> ◖ *Expertentipp*
>
> *Bevorzugen Sie Sorten, die gegen die Pilzkrankheit Monilia nur gering an- fällig sind, z. B. 'Gerema', 'Morina'.*

Pflaume, Zwetsche
Prunus domestica

Höhe/Breite: 3–10 m/3–8 m
Erntezeit: Juli–Oktober

Aussehen: meist als Busch, Spindel- busch, Nieder- oder Halbstamm gepflanzt; weiße Blüten, April–Mai; Steinfrüchte blau bis violett, mittel- groß bis groß, auch gelbgrün oder gelb (Renekloden und kleinfrüchtige Mirabellen)
Standort: normaler Gartenboden, gern kalkhaltig
Anbau: Herbstpflanzung günstig; mit Veredlungsstelle über dem Boden einsetzen; Sorten teils selbst- fruchtbar
Pflegen: Baumscheibe frei halten, mulchen; im Frühjahr düngen; bei Trockenheit gießen; Auslichtungs- schnitt nach der Ernte
Ernten: Erntezeit je nach Sorte, mehrmals durchpflücken

> ◖ *Expertentipp*
>
> *Die Kronen sehr steilwüchsiger Sorten zieht man am besten ohne Mittelast (so genannte Hohlkronen).*

 sonnig   halbschattig   schattig   viel gießen

Pfirsich
Prunus persica

Höhe/Breite: 2–6 m/2–4 m
Erntezeit: Juni–Oktober

Aussehen: als Buschbaum, Nieder-Halbstamm oder Spalierobst gepflanzt; Blätter schmal eiförmig, lang; rosa Blüten, März–April; Steinfrüchte samtig behaart (Pfirsich) oder glattschalig (Nektarine)
Standort: möglichst warm und geschützt; humoser, nährstoffreicher, tiefgründiger Boden
Anbau: am besten im Frühjahr pflanzen; mit Veredlungsstelle über dem Boden einsetzen; Spaliererziehung an Hauswand günstig; fast alle Sorten selbstfruchtbar
Pflegen: Baumscheibe frei halten, mulchen; im Frühjahr und nach der Blüte düngen; bei Trockenheit kräftig gießen; nach der Ernte auslichten und abgetragene Fruchttriebe entfernen; im Frühjahr Fruchttriebe schneiden (am besten von einem erfahrenen Gärtner zeigen lassen)
Ernten: Früchte am Baum ausreifen lassen, mehrmals durchpflücken

Birne
Pyrus communis

Höhe/Breite: 3–10 m/3–8 m
Erntezeit: August–Oktober

Aussehen: bevorzugt als Busch oder Spindelbusch gepflanzt; Blätter rundlich bis eiförmig; weiße Blüten, April–Mai; Früchte grün, rötlich oder gelblich
Standort: möglichst warm und geschützt; humoser, nährstoffreicher, tiefgründiger, kalkarmer Boden
Anbau: vorzugsweise im Herbst pflanzen; mit Veredlungsstelle über dem Boden einsetzen; günstig als Fächerspalier an wärmender Hauswand; Pollenspendersorte nötig
Pflegen: Baumscheibe frei halten, mulchen; im Frühjahr düngen; bei Trockenheit durchdringend gießen; Schnitt im Spätwinter oder Spätherbst, Mittel- und Leittriebe öfter einkürzen und auslichten
Ernten: pflückreif, wenn sich der Fruchtstiel bei Drehung leicht löst; Herbstsorten sind 2–4 Wochen nach Ernte genussreif, Wintersorten erst nach längerer Lagerung

Weitere Obstarten

Name Hinweis	Höhe Breite	Erntezeit
Aprikose (sehr frostempfindlich)	4–5 m 3–4 m	Juli–August
Quitte (Früchte nur verarbeitet genießbar)	2–5 m 2–3 m	Oktober
Süßkirsche (wird recht groß, neuere Sorten auch kleiner)	3–10 m 2–10 m	Juni–August

Baumformen

Bezeichnung	Stammhöhe
Buschbaum	40–60 cm
Spindelbusch (schmale Buschform)	40–80 cm
Niederstamm, Meterstamm	80–100 cm
Halbstamm	100–120 cm
Hochstamm	150–180 cm

Bewährte Obstsorten

Obstart	Sorten
Apfel	'Alkmene', 'Berlepsch', 'Boskoop', 'Cox Orange', 'Gravensteiner', 'Jonagold', 'Pinova', 'Resi' 'Summerred'
Birne	'Alexander Lucas', 'Clairgeau', 'Conference', 'Gellerts Butterbirne', 'Williams Christ'
Sauerkirsche	'Gerema', 'Karneol', 'Koröser Weichsel', 'Morellenfeuer'
Pflaume	'Althans Reneklode', 'Bühler Frühzwetsche', ,Czar', 'Mirabelle von Nancy', 'Ontario-Pflaume'
Pfirsich	'Red Haven', 'Rekord von Alfter', 'Roter Ellerstädter'

 mäßig gießen
 wenig gießen
 pflegeleicht
 giftig

Beerensträucher

Kiwi
Actinidia deliciosa

Pflanzenabstand: 3–4 m
Erntezeit: Oktober/November

Aussehen: windender Kletterstrauch, 3–8 m hoch; Blätter herzförmig; weiße Blüten, Juni–Juli, meist weibliche und männliche auf verschiedenen Pflanzen (zweihäusig); braune Früchte
Standort: warm und geschützt; humoser, nährstoffreicher, tiefgründiger, leicht saurer Boden
Anbau: bevorzugt im späten Frühjahr pflanzen; bei zweihäusigen Sorten für Fruchtbildung weibliches und männliches Exemplar nötig; an stabilem Klettergerüst hochleiten
Pflegen: feucht halten; im Frühjahr Kompost oder Langzeitdünger geben, im Juni nachdüngen; im Sommer Seitentriebe auf 4–6 Blätter über den Früchten kappen; Winterschutz geben; im Spätwinter abgetragene Langtriebe zurückschneiden
Ernten: pflücken, wenn die Früchte auf Druck leicht nachgeben

Schwarze Johannisbeere
Ribes nigrum

Pflanzenabstand: 1,5–2 m
Erntezeit : Juni–Juli

Aussehen: breitbuschiger Strauch, wird auch als Hochstämmchen gezogen, 1–2 m hoch; Blätter gelappt; unscheinbare Blüten, April–Mai; schwarze Beeren in Trauben
Standort: bevorzugt sonnig; normaler Boden, am besten leicht sauer
Anbau: im Spätherbst oder Frühjahr pflanzen; Hochstämmchen (mit Stützpfahl) auch einzeln
Pflegen: jährlich vor dem Austrieb düngen; Flachwurzler, Vorsicht bei der Bodenbearbeitung, Mulchen günstig; mit anfangs 5–6, später 8–10 Leitzweigen ziehen; Zweige, die zweimal getragen haben, nach der Ernte an der Basis herausschneiden
Ernten: Beerentrauben als Ganzes abschneiden

 Expertentipp

Schwarze Johannisbeeren werden am besten 10 cm tiefer gesetzt, als sie vorher in der Baumschule standen.

Rote Johannisbeere
Ribes rubrum

Pflanzenabstand: 1–1,5 m
Erntezeit : Juni–August

Aussehen: breitbuschiger Strauch, oft auch als Stämmchen gezogen; Blätter gelappt; unscheinbare Blüten, April–Mai; rote, bei Weißen Johannisbeeren weißliche bis gelbliche Beeren in Trauben
Standort: wie Schwarze Johannisbeere
Anbau: wie Schwarze Johannisbeere; Pflanzen können aber enger stehen und sollten nur wenig tiefer gesetzt werden, als sie vorher standen
Pflegen: anfangs mit 3–5 Leitzweigen ziehen, diese um etwa 1/3 einkürzen; später 8–10 Leitzweige stehen lassen, die ältesten 2–3 durch Neuzuwachs aus der Basis ersetzen; sonst wie Schwarze Johannisbeere
Ernten: ganze Trauben abschneiden

Expertentipp

Halten Sie Johannisbeeren gleichmäßig feucht (jedoch nicht nass), besonders nach dem Fruchtansatz.

---

 sonnig   halbschattig   schattig   viel gießen

Stachelbeere
Ribes uva-crispa

Pflanzenabstand: 1–2 m
Erntezeit : Ende Mai–Juli

Aussehen: Strauch, oft bestachelt, wird gern als Hochstämmchen gezogen, 1–1,5 m hoch; Blätter gelappt; unscheinbare Blüten, April–Mai; grüne, rote oder gelbe Beeren
Standort: jeder gute, tiefgründige, nicht zu trockene Gartenboden
Anbau: im Spätherbst oder Frühjahr pflanzen; als frei wachsende Büsche, Hochstämmchen mit Pfahl oder in Reihen an Spanndraht ziehen
Pflegen: im Frühjahr mit Kompost versorgen; Flachwurzler, nicht hacken, sondern ab Frühsommer mulchen; gleichmäßig feucht halten; nach der Ernte abgetragene, mehr als 3 Jahre alte Zweige herausschneiden, alle Triebspitzen etwas einkürzen
Ernten: zum Einkochen Ernte unreifer Früchte schon ab Ende Mai

Brombeere
Rubus sect. *Rubus* (*Rubus fruticosus*)

Pflanzenabstand: 0,75–2,5 m
Erntezeit : Juli–Oktober

Aussehen: Halbstrauch, bis 2 m hoch, rankende Sorten mit bis 8 m langen Trieben, bestachelt oder stachellos; Blätter gefingert; Blüten weiß, Mai–Juli; schwarze Früchte
Standort: am besten sonnig; jeder normale Gartenboden
Anbau: bevorzugt im Frühjahr pflanzen; so tief setzen, dass die Triebknospen am Wurzelhals unter die Erde kommen; am Zaun oder an Gerüst mit Spanndrähten ziehen; Reihenabstand um 2 m
Pflegen: im Frühjahr organisch düngen; gleichmäßig feucht halten; Mulchen günstig; Pflanzen mit nur je 4–6 Ruten ziehen, diese am Draht nach links und rechts anbinden; im Sommer Geiztriebe einkürzen (siehe Seite 77); abgetragene Ruten und überzählige Jungruten im Frühjahr dicht am Boden abschneiden
Ernten: fortlaufend durchpflücken

Himbeere
Rubus idaeus

Pflanzenabstand: 0,5 m
Erntezeit : Juni–August (Oktober)

Aussehen: Halbstrauch mit bestachelten Ruten, 1,5–2,5 m hoch; Blätter fünfteilig gefiedert; Blüten weiß, Mai–Juli (September); rote, rosa oder gelbe Früchte
Standort: windgeschützter Platz; normaler Gartenboden
Anbau: im Herbst oder Frühjahr pflanzen; so tief setzen, dass die Triebknospen am Wurzelhals unter die Erde kommen; an Gerüst mit mehreren waagrechten Drähten anbinden oder hindurchflechten
Pflegen: im Frühjahr organisch düngen; Flachwurzler, nicht austrocknen lassen, mulchen; nach der Ernte abgetragene, vorjährige Ruten direkt über dem Boden wegschneiden
Ernten: ab Reifebeginn regelmäßig durchpflücken; zweimal tragende Sorten fruchten nochmals im September/Oktober oder sogar durchgehend bis Herbst

 mäßig gießen   wenig gießen   pflegeleicht   giftig

Sträucher mit schönen Blüten

Fingerstrauch
Potentilla fruticosa

Höhe/Breite: 0,5–1,5 m/bis 1,2 m
Blütezeit: Juni–Oktober

Aussehen: sommergrüner, dicht verzweigter Kleinstrauch; Blätter handförmig gefingert, dunkel- bis bläulich grün; Blüten goldgelb, weiß, rot oder rosa, schalenförmig
Standort: jeder normale, nicht zu trockene Gartenboden
Pflanzen: im Herbst oder Frühjahr
Pflegen: in längeren Trockenperioden wässern; bei nachlassender Blühfreude 10–20 cm über dem Boden zurückschneiden, danach düngen oder Kompost geben
Vermehren: durch Stecklinge im Frühjahr
Gestalten: hübsch in kleinen Gruppen, z. B. auf Rabatten, vor größeren Gehölzen, als niedrige Blütenhecke

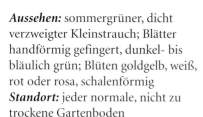 *Gute Partner*

- Pfeifenstrauch • Edel-, Beet- und Wildrosen • Spierstrauch

Rhododendron
Rhododendron–Hybriden

Höhe/Breite: 0,5–5 m/0,5–4 m
Blütezeit: Mai–Juni

Aussehen: Sträucher, immergrün oder sommergrün (Azaleen), je nach Sortengruppe klein- oder großwüchsig; Blätter schmal eiförmig, ledrig, glänzend; Blüten in leuchtenden Farben, in fast allen Tönen außer Blau
Standort: am besten im lichten Schatten unter Gehölzen; humoser, sehr gut durchlässiger, frischer bis feuchter Boden, kalkarm, sauer (pH-Wert unter 5,5)
Pflanzen: in rauen Lagen besser im Frühjahr, sonst auch im Herbst
Pflegen: mäßig feucht halten, bei Trockenheit gründlich gießen; Boden mit Rindenmulch o. Ä. abdecken; Verblühtes entfernen; mit Rhododendrondünger oder Kompost versorgen
Vermehren: durch Absenker
Gestalten: sehr schön in Gruppen mit unterschiedlichen Farbtönen

Spierstrauch, Spiree
Spiraea japonica

Höhe/Breite: 0,5–1,5 m/0,5–1,2 m
Blütezeit: Juni–September

Aussehen: sommergrüner Kleinstrauch; Blätter lanzettlich, frischgrün; Blüten rosa bis rot, zahlreich in aufrechten Schirmrispen
Standort: humoser, nährstoffreicher, frischer Boden
Pflanzen: bevorzugt im Herbst
Pflegen: bei anhaltender Trockenheit gießen, jährlich im Frühjahr mit Kompost versorgen
Vermehren: durch Stecklinge, Steckhölzer oder Teilung
Gestalten: wirkt einzeln und in Gruppen; zu dieser Art zählen auch die kompakten, höchstens 1,2 m hohen *Bumalda*-Hybriden, die sich hübsch für Einfassungen und Rabatten verwenden lassen

Expertentipp

Ich schneide die Triebe in jedem zweiten Frühjahr etwas zurück, das verbessert den Blütenansatz.

sonnig

halbschattig

schattig

viel gießen

Flieder

Syringa vulgaris

Höhe/Breite: 2–6 m/1,5–5 m
Blütezeit: Mai–Juni

Aussehen: sommergrüner Großstrauch oder kleiner Baum; Blätter
ei- bis herzförmig, frischgrün;
Blüten rosa, rot, lila oder weiß, auch
gelb, in 10–20 cm langen Rispen,
Einzelblütchen gefüllt oder ungefüllt
Standort: humoser, nährstoffreicher,
durchlässiger, nicht zu trockener
Boden, kann kalkhaltig sein
Pflanzen: im Herbst oder Frühjahr;
veredelte Sorten so pflanzen, dass die
verdickte Veredlungsstelle 20 cm tief
unter die Erdoberfläche kommt
Pflegen: im Frühjahr mit Kompost
oder Dünger versorgen; verblühte
Rispen wegschneiden; Wildtriebe
und Ausläufer regelmäßig entfernen;
ältere Flieder jährlich im Februar/
März auslichten
Vermehren: bei nicht veredelten
Sorten Aussaat möglich
Gestalten: schön als dominanter
Strauch oder kleiner Hausbaum;
auch für Blütenhecken geeignet

Weigelie

Weigela florida, Weigela-Hybriden

Höhe/Breite: 2–3 m/2–3,5 m
Blütezeit: Mai–Juni/Juli

Aussehen: sommergrüner Strauch,
mit der Zeit überhängend; Blätter
eiförmig zugespitzt, hellgrün;
Blüten rosarot, glockig, büschelartig
in den Blattachseln
Standort: humoser, nährstoffreicher,
durchlässiger, frischer Boden
Pflanzen: bevorzugt im Herbst
Pflegen: im Frühjahr mit Kompost
versorgen; bei anhaltender Trockenheit gießen; alle paar Jahre älteste
Triebe nach der Blüte knapp über
dem Boden wegschneiden
Vermehren: durch Stecklinge oder
Steckhölzer
Gestalten: schön als dominanter
Strauch oder kleiner Hausbaum;
auch für Blütenhecken und Strauch-
gruppen geeignet

Expertentipp

*Lange Bogentriebe schneidet man
am besten auf einen kräftigen
Seitenzweig zurück.*

Weitere Blütengehöze

Name	Höhe Breite	Blütenfarbe Blütezeit
Für sonnige Plätze:		
Säckelblume (*Ceanothus* x *delilianus*)	1–2 m 1,5 m	blau Juli–Oktober
Deutzie (*Deutzia*-Arten)	0,5–3 m 0,6–3 m	weiß, rosa Mai–Juli
Zierkirsche (*Prunus serrulata, P. subhirtella*)	2–8 m 2–5 m	rosa, weiß März–Juni
Zierapfel (*Malus*-Hybriden)	3–8 m 2–5 m	rosa, rot, weiß Mai–Juni
Straucheibisch (*Hibiscus syriacus*)	1,5–2,5 m 1–1,5 m	rosa, rot, violett, weiß Juni
Strauchpfingstrose (*Paeonia suffruticosa*)	1–2 m 1–1,5 m	rosa, rot, weiß Mai–Juni
Für sonnige bis halbschattige Plätze:		
Zierquitte (*Chaenomeles*-Arten)	1–3 m 1–3 m	rosa, rot, weiß März–April
Forsythie (*Forsythia* x *intermedia*)	2–3 m 2–3 m	gelb März–April
Hortensie (*Hydrangea*-Arten)	1–3 m 1–2 m	rosa, rot, blau, weiß Juni–August
Ranunkelstrauch (*Kerria japonica*)	1–2 m 0,8–1,5 m	gelb Mai–Juli (Sept.)
Kolkwitzie (*Kolkwitzia amabilis*)	2–3 m 1,5–2,5 m	rosa Mai–Juni
Pfeifenstrauch (*Philadelphus*-Arten)	3–5 m 2–4 m	weiß Mai–Juni/Juli
Blutjohannisbeere (*Ribes sanguineum*)	1,5–2,5 m 1,5–2 m	rot April–Mai
Schwarzer Holunder (*Sambucus nigra*)	2–7 m 3–5 m	weiß Mai–Juni

Rosen – beliebt und bewährt

Edelrose 'Berolina'
Rosa 'Berolina'

Höhe/Breite: 100–120 cm/50–60 cm
Blütezeit: Juni–Oktober

Aussehen: sommergrüner Kleinstrauch, aufrecht, dicht verzweigt, bestachelt; Blätter gefiedert, dunkelgrün; Blüten einzeln, hellgelb, groß, stark gefüllt, leicht duftend
Standort: humoser, durchlässiger, nicht zu trockener Boden
Pflanzen: im Herbst oder Frühjahr; so pflanzen, dass die Veredlungsstelle etwa 5 cm unter die Erde kommt
Pflegen: bei Trockenheit kräftig gießen; Verblühtes regelmäßig entfernen; im Spätherbst anhäufeln und Winterschutz geben; im Frühjahr abhäufeln, auf 4–5 Augen zurückschneiden; bei Bedarf monatliche Düngung bis Juli; ADR-Rose
Gestalten: schön in Einzelstellung wie in Gruppen; gute Schnittrose

 Expertentipp

Sorten mit dem Prädikat ADR haben sich in intensiven Tests als besonders robust und reich blühend erwiesen.

Beetrose 'Bonica 82'
Rosa 'Bonica 82'

Höhe/Breite: 50–60 cm/40 cm
Blütezeit: Juni–Oktober

Aussehen: sommergrüner Kleinstrauch, breitbuschig, locker verzweigt, bestachelt; Blätter gefiedert, dunkelgrün, glänzend; Blüten hellrosa, mittelgroß, gefüllt, in Büscheln
Standort: humoser, durchlässiger, nicht zu trockener Boden
Pflanzen: im Herbst oder Frühjahr; so einsetzen, dass die Veredlungsstelle etwa 5 cm unter der Erdoberfläche liegt
Pflegen: bei längerer Trockenheit gießen; Verblühtes entfernen; im Spätherbst in rauen Lagen anhäufeln; im Frühjahr abhäufeln, auf 3–5 Augen zurückschneiden; bei Bedarf Düngung bis Juli; ausgesprochen robuste, frostharte Sorte, ADR-Rose
Gestalten: hübsch in Gruppen

 *Gute Partner*

- Lavendel • *Katzenminze*
- *Nachtkerze*

Strauchrose 'Grandhotel'
Rosa 'Grandhotel'

Höhe/Breite: 1,5–2 m/60–80 cm
Blütezeit: Juni–Oktober

Aussehen: sommergrüner Strauch, aufrecht, dicht verzweigt, bestachelt; Blätter gefiedert, dunkelgrün, glänzend; Blüten samtig blutrot, groß, stark gefüllt, in Büscheln
Standort: humoser, nährstoffreicher, durchlässiger Boden
Pflanzen: im Herbst oder Frühjahr; mit Veredlungsstelle 5 cm unter der Erde pflanzen
Pflegen: bei längerer Trockenheit gießen; Verblühtes entfernen, wenn keine Hagebutten erwünscht; im Spätherbst anhäufeln; im Frühjahr abhäufeln, abgestorbene und ungünstig stehende Triebe auslichten, alle 3–4 Jahre überalterte Triebe bodennah wegschneiden; bei Bedarf monatlich Düngung bis Juli; ADR-Rose
Gestalten: sehr attraktiv in Einzelstellung, z. B. vor einer Mauer oder im Rasen; auch für Strauchgruppen und Rosenhecken geeignet

---

Hechtrose
Rosa glauca

Höhe/Breite: 2–3 m/1,5–2 m
Blütezeit: Juni

Aussehen: sommergrüner Strauch, breitbuschig, überhängend, nur wenig bestachelt; Blätter gefiedert, rötlich grün, blau überlaufen; Blüten rosarot mit weißem Auge, einfach, ungefüllt, in Büscheln; rote, kugelige Hagebutten
Standort: jeder normale Gartenboden, auch etwas ärmere oder recht trockene Böden
Pflanzen: im Herbst oder Frühjahr
Pflegen: bei anhaltender Trockenheit gießen; gelegentlich düngen oder mit Kompost versorgen; alle paar Jahre auslichten, wenn nötig
Gestalten: hübsche Wildrose mit ansprechend gefärbtem Laub; in Einzelstellung ebenso attraktiv wie in Strauchgruppen und Hecken

Kletterrose 'Schneewalzer'
Rosa 'Schneewalzer'

Höhe/Breite: 2,5–3 m/1–2 m
Blütezeit: Juni–Oktober

Aussehen: sommergrüner Kletterstrauch mit kräftigen, stark bestachelten Trieben; Blätter gefiedert, dunkelgrün, glänzend; Blüten reinweiß, groß, stark gefüllt, duftend
Standort: humoser, nährstoffreicher, durchlässiger Boden
Pflanzen: im Herbst oder Frühjahr; mit Veredlungsstelle 5 cm unter der Erde pflanzen; an Rankgitter oder rauer Unterlage hochleiten
Pflegen: bei längerer Trockenheit gießen; Verblühtes entfernen; im Spätherbst anhäufeln; im Frühjahr abhäufeln, abgestorbene und ungünstig stehende Triebe auslichten; monatlich Düngung bis Juli
Gestalten: starktriebige, straff aufrechte Climber wie 'Schneewalzer' bieten sich vor allem für Hauswände, Pfeiler und Zäune an; für Pergolen und Rosenbögen sind Rambler-Sorten mit dünneren, biegsameren Trieben besser geeignet

Flächenrose 'Heidetraum'
Rosa 'Heidetraum'

Höhe/Breite: 70–80 cm/70–80 cm
Blütezeit: Juli–Oktober/November

Aussehen: sommergrüner Kleinstrauch, breitbuschig, bogig überhängend, bestachelt; Blätter gefiedert, mittelgrün, glänzend; Blüten karminrosa, halb gefüllt, sehr zahlreich in Büscheln
Standort: humoser, durchlässiger Boden; recht anspruchslos
Pflanzen: im Herbst oder Frühjahr, 2–3 Pflanzen je qm; mit Veredlungsstelle 5 cm unter der Erde pflanzen
Pflegen: bei längerer Trockenheit gießen; im Spätherbst in rauen Lagen anhäufeln; im Frühjahr abhäufeln, bei Bedarf alle paar Jahre stark zurückschneiden; falls nötig, Düngung bis Juli
Gestalten: für Einzel-, Gruppen- und großflächige Pflanzung

▶ *Expertentipp*

Rosensorten sind veredelt. Man kann Stecklinge ziehen, die Nachkommen sind aber meist wenig robust.

Dekorative Klettergehölze

Pfeifenwinde
Aristolochia macrophylla

Höhe: 4–10 m
Blütezeit: Juli–August

Aussehen: sommergrüner Schling-strauch; große, herzförmige, dunkel-grüne Blätter, die sich dachziegel-artig überlappen und im Herbst lange haften bleiben; gelbgrüne, wie Pfeifenköpfe geformte Blüten, die meist unter dem Laub verborgen bleiben und unangenehm riechen
Standort: jeder normale, nicht zu trockene Gartenboden
Pflanzen: im Herbst oder Frühjahr
Pflegen: an senkrechten Stützen oder Gitter hochwachsen lassen; bei längerer Trockenheit vor allem an sonnigen Plätzen kräftig gießen; im Frühjahr Kompost geben; bei jungen Pflanzen über Winter Wurzelbereich schützen; bei Bedarf Schnitt möglich
Vermehren: durch Stecklinge im Sommer, Absenker oder Aussaat
Gestalten: bildet mit der Zeit einen dichten grünen Vorhang an Lauben, Rankgerüsten, Pfeilern oder Wänden

Trompetenblume
Campis radicans

Höhe: 5–10 m
Blütezeit: Juli–September

Aussehen: sommergrüner, schwach schlingender Kletterstrauch mit Haftwurzeln; Blätter gefiedert, kräftig grün; große Trichterblüten, orange, orangerot oder gelb
Standort: warm, geschützt; humo-ser, nährstoffreicher, durchlässiger, frischer Boden
Pflanzen: im Frühjahr oder im Herbst mit gutem Winterschutz
Pflegen: in den ersten Jahren Triebe aufbinden oder locker anklammern; spätestens ab etwa 2 m Höhe Klet-tergerüst anbringen; bei längerer Trockenheit gießen; mulchen; nach der Blüte abgeblühte Triebe auf 2–4 Knospen zurückschneiden; im Frühjahr Kompost geben; bei jungen Pflanzen über Winter Wurzelbereich schützen
Vermehren: Sorten sind meist ver-edelt
Gestalten: für Rankgerüste und Pergolen ebenso wie für Fassaden

Großblumige Waldrebe
Clematis-Hybriden

Höhe: 2–6 m
Blütezeit: je nach Sortengruppe

Aussehen: Kletterstrauch mit ran-kenden Blattstielen; Blätter gefiedert; Blüten rosa, rot, blau, violett oder weiß; bei früh blühenden Sorten im Mai/Juni, Nachblüte im August/ September; bei spät blühenden ab Juni/Juli bis September
Standort: nicht prallsonnig, Wurzel-bereich beschattet; humoser, durch-lässiger, frischer Boden
Pflanzen: bevorzugt im Frühjahr; mit Veredlungsstelle 10–15 cm unter der Erdoberfläche
Pflegen: gleichmäßig feucht halten; im Frühjahr düngen; bei früh blü-henden Sorten leichter Rückschnitt im Spätherbst oder Frühjahr, nach Auslichten Triebe um etwa 20 cm einkürzen; spät blühende im Spät-winter auf 20–50 cm einkürzen
Vermehren: meist nur durch Veredlung möglich
Gestaltung: schön an Mauern, Zäunen, Pergola oder Hauseingang

 sonnig   halbschattig   schattig   viel gießen

Schlingknöterich
Fallopia baldschuanica

Höhe: 8–15 m
Blütezeit: Juli–Oktober

Aussehen: sommergrüner, schnellwüchsiger Schlingstrauch; Blätter herzförmig; Blüten weiß bis zartrosa, klein, in langen Rispen, duftend
Standort: jeder normale, nicht zu trockene Gartenboden
Pflanzen: im Frühjahr oder im Herbst mit Winterschutz
Pflegen: stabile Kletterhilfe nötig; im ersten Jahr nach der Pflanzung nicht austrocknen lassen, sonst anspruchslos; häufiger Rückschnitt fördert Blütenbildung, ist oft auch nötig, um den Wuchs zu bremsen
Vermehren: durch Stecklinge oder Steckhölzer
Gestalten: eignet sich besonders gut zum Verschönern unansehnlicher Fassaden und Baulichkeiten

▸ Expertentipp

Schneiden Sie Dachrinnen und Fallrohre immer wieder frei, sonst kann der Schlinger Schäden verursachen.

Wilder Wein
Parthenocissus-Arten

Höhe: 5–15 m
Blütezeit: Juni–August

Aussehen: sommergrünes Klettergehölz, mit Ranken und meist mit Haftscheiben; Blätter dreilappig (*P. tricuspidata*) oder fünfzählig (*P. quinquefolia*), intensiv rote Herbstfärbung; unauffällige gelbgrüne Blütchen; blauschwarze, kugelige, schwach giftige Früchte
Standort: jeder normale, nicht zu trockene Gartenboden
Pflanzen: im Herbst oder Frühjahr
Pflegen: Rankhilfe in den ersten Jahren vorteilhaft, bei Formen ohne Haftscheiben zeitlebens nötig, sonst genügen raue Oberflächen; im Frühjahr organisch düngen; zu starken Wuchs durch Schnitt begrenzen
Vermehren: meist veredelt, eigene Vermehrung schlecht möglich
Gestalten: wächst recht schnell und begrünt attraktiv Mauern, Wände, Pergolen, Lauben; intensive Herbstfärbung nur an nicht zu schattigen Plätzen

Weitere Klettergehölze

Name	Höhe Wuchs	Blütenfarbe Blütezeit
Für sonnige Plätze:		
Strahlengriffel (*Actinidia arguta*)	bis 4 m Schlinger	weiß Juni–Juli
Akebie (*Akebia quinata*)	bis 8 m Schlinger	rosa, purpurn April–Mai
Winterjasmin (*Jasminum nudiflorum*)	bis 4 m Spreizklimmer	gelb Dezember–April
Kletterrose (*Rosa*-Sorten)	bis 5 m Spreizklimmer	viele Farbtöne Juni–Oktober
Blauregen, Glyzine (*Wisteria floribunda*)	bis 8 m Schlinger	blau Mai–Juni
Für sonnige bis halbschattige Plätze:		
Baumwürger (*Celastrus orbiculatus*)	bis 12 m Schlinger	Blüten unscheinbar, zierende Früchte
Alpenwaldrebe (*Clematis alpina*)	bis 2 m Ranker	bläulich Mai–Juni
Bergwaldrebe (*Clematis montana*)	bis 8 m Ranker	rosa, weiß Mai–Juni
Jelängerjelieber (*Lonicera caprifolium*)	bis 5 m Schlinger	weiß weiß-rötlich
Für halbschattige bis schattige Plätze:		
Spindelstrauch (*Euonymus fortunei* var. *radicans*)	bis 3 m mit Haftwurzeln	Blüten unscheinbar, zierende Blätter
Efeu (*Hedera helix*)	bis 20 m Selbstklimmer	Blüten unscheinbar, zierende Blätter
Immergrünes Geißblatt (*Lonicera henryi*)	bis 5 m Schlinger	gelblich bis rötlich Juni–August

Herbstschöne Gehölze

Japanischer Feuerahorn
Acer japonicum 'Aconitifolium'

Höhe/Breite: 2–5 m/2–4 m
Blütezeit: Mai

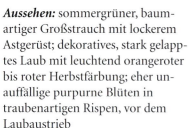

Aussehen: sommergrüner, baumartiger Großstrauch mit lockerem Astgerüst; dekoratives, stark gelapptes Laub mit leuchtend orangeroter bis roter Herbstfärbung; eher unauffällige purpurne Blüten in traubenartigen Rispen, vor dem Laubaustrieb
Standort: humoser, durchlässiger, frischer Boden, sauer bis neutral
Pflanzen: bevorzugt im Herbst
Pflegen: Kompost auf die Baumscheibe geben; Schnitt nicht nötig
Vermehren: durch Steckholz oder Absenker
Gestalten: als markanter Strauch schön in Einzelstellung, etwa am Sitzplatz; kann in kleineren Gärten den prägenden »Hausbaum« früherer Zeiten ersetzen; sehr schön auch im lichten Schatten größerer Gehölze, ein Platz, der diesem Ahorn besonders zusagt

Kupferfelsenbirne
Amelanchier lamarckii

Höhe/Breite: 4–8 m/3–5 m
Blütezeit: April–Mai

Aussehen: sommergrüner Großstrauch oder kleiner Baum; Blätter länglich elliptisch, beim Austrieb kupferrot, später grün; zahlreiche weiße Blüten; leuchtend gelbe bis orangerote Herbstfärbung; weiße, sternförmige Blüten vor der Blattentfaltung; ab August beerenähnliche Früchte, zunächst rot, dann schwarzpurpurn, essbar
Standort: humoser, bevorzugt sandiger und kalkhaltiger Boden
Pflanzen: im Herbst oder Frühjahr
Pflegen: am besten ungestört wachsen lassen, gelegentlich etwas Kompost geben; ältere Sträucher, wenn nötig, zurückhaltend auslichten
Vermehren: durch Aussaat (Kaltkeimer) und Stecklinge, bei Sorten schwierig, da meist veredelt
Gestalten: im Frühjahr wie im Herbst ein besonderer Blickpunkt, schön in Einzelstellung, auch für Strauchgruppen geeignet

Sibirischer Hartriegel
Cornus alba 'Sibirica'

Höhe/Breite: 2–3 m/2–3 m
Blütezeit: Mai

Aussehen: sommergrüner Strauch mit leuchtend korallenroter Rinde; Blätter schmal eiförmig zugespitzt, gelbe bis rote Herbstfärbung; Blüten gelblich weiß, in doldenähnlichen Blütenständen
Standort: jeder normale, nicht zu trockene Gartenboden
Pflanzen: im Herbst oder Frühjahr
Pflegen: mäßig, aber regelmäßig feucht halten; alle paar Jahre im Spätwinter etwas auslichten und mit Kompost versorgen
Vermehren: durch Stecklinge oder Steckhölzer
Gestalten: durch die auffällig rote Rinde im winterlichen Garten eine ganz besondere Zierde; der Strauch wirkt besonders in Einzelstellung im Rasen, Vorgarten oder auf großen Rabatten, bereichert aber auch frei wachsende Blütenhecken

sonnig

halbschattig

schattig

viel gießen

Essigbaum
Rhus hirta

Höhe/Breite: 4–8 m/5–6 m
Blütezeit: Juni–Juli

Aussehen: sommergrüner, mehrstämmiger Großstrauch oder kleiner Baum; dekorative, bis 50 cm lange gefiederte Blätter, verfärben sich im Herbst von Gelb über Orange zu Scharlachrot; Blüten unauffällig; ab September große, aufrechte, kolbenähnliche, rotbraune Fruchtstände
Standort: jeder nicht verdichtete Gartenboden
Pflanzen: im Herbst oder Frühjahr
Pflegen: anspruchslos; treibt aber stark Ausläufer, die mitsamt der Wurzeln abgetrennt werden müssen; Boden nur vorsichtig lockern
Vermehren: durch Ausläufer oder Aussaat
Gestalten: prägnantes, breitwüchsiges Gehölz für Einzelstellung

Gewöhnlicher Schneeball
Viburnum opulus

Höhe/Breite: 2–4 m/2–4 m
Blütezeit: Mai–Juni

Aussehen: sommergrüner Strauch, dichtbuschig; Blätter ahornähnlich gelappt, orangerote Herbstfärbung; weiße bis zartrosa Blüten in Schirmrispen oder – bei der Sorte 'Roseum' – mit runden »Schneebällen«; ab September glänzend rote Steinfrüchte, ungenießbar bis schwach giftig
Standort: humoser, durchlässiger, frischer bis feuchter Boden
Pflanzen: bevorzugt im Herbst
Pflegen: bei längerer Trockenheit kräftig gießen; nach der Blüte auslichten; ab und an Kompost geben
Vermehren: durch Stecklinge, Absenker oder Aussaat (Kaltkeimer)
Gestalten: ansprechender Strauch für Einzel- sowie für Gruppenpflanzung und lockere Hecken

◗ Expertentipp

Vorsicht, der Essigbaum enthält in allen Pflanzenteilen Giftstoffe, die Hautreizungen verursachen können.

❀ Gute Partner

- *Eibe* • *Holunder*
- *Kornelkirsche* • *Vogelbeere*

Weitere herbstschöne Gehölze

Name	Höhe Breite	Laub-/Fruchtfärbung
Gehölze mit attraktivem Herbstlaub		
Fächerahorn (*Acer palmatum* in Sorten)	3–5 m 3–6 m	rot, orange, gelb teils rotblättrig ab Austrieb
Heckenberberitze (*Berberis thunbergii*)	1–3 m 1,5–2 m	orange rote Beeren, giftig
Roter Hartriegel (*Cornus sanguinea*)	2–5 m 2–5 m	rot schwarze Früchte, giftig
Weißdorn (*Crataegus*-Arten)	2–6 m 2–6 m	gelb, orange rote Früchte
Zaubernuss (*Hamamelis*-Arten)	3–5 m 3–5 m	gelb, rot Blüte im Winter/Frühjahr
Zierapfel (*Malus*-Hybriden)	3–8 m 2–5 m	gelb, orange, rot reiche Frühsommerblüte
Gehölze mit zierenden Früchten		
Sanddorn (*Hippophae rhamnoides*)	2–5 m 2–5 m	orange oder rote Früchte schönes Laub
Stechpalme (*Ilex aquifolium*)	2–5 m 2–4 m	rote Früchte, giftig immergrün
Liguster (*Ligustrum vulgare*)	3–5 m 2–5 m	schwarze Beeren, giftig duftende Blüten
Wildrose (*Rosa*-Arten)	1–3 m 1–4 m	rote Hagebutten einfache Rosenblüten
Vogelbeere (*Sorbus aucuparia*)	5–15 m 4–6 m	rote Früchte gelborange Herbstfärbung
Schneebeere (*Symphoricarpos albus* var. *laevigatus*)	2–3 m 1–2 m	weiße Steinfrüchte, »Knallerbsen«

 mäßig gießen

 wenig gießen

 pflegeleicht

 giftig

Erklärung der Fachausdrücke

Abhärten: vorübergehendes nach draußenstellen von jungen Gemüse- und Sommerblumenpflanzen, um sie an das baldige Auspflanzen im Freien zu gewöhnen

Achterschleife: bewährtes Anbindeverfahren, um das Scheuern des Stängels bzw. der Rinde an einem Stützstab oder Pfahl zu verhindern; eine locker gebundene Achterschleife beugt auch dem Einschnüren der Triebe vor; dazu legt man die Schnur um den Stängel bzw. Stamm, überkreuzt sie zwischen Pflanze und Stab und verknotet sie auf der gegenüber liegenden Seite der Stütze; so ergibt sich, von oben gesehen, die Form einer liegenden Acht

alkalischer Boden: Boden mit hohem → pH-Wert und meist auch mit hohem Kalkgehalt

Anhäufeln: Heranziehen von gelockertem Boden an die Stängelbasis von Pflanzen, empfehlenswert bei manchen Gemüsen wie Tomaten oder Lauch (Seite 76)

Anzucht: auch Vorziehen genannt; geschütztes Aussäen, vor allem von Gemüse und Sommerblumen, zum späteren Verpflanzen (Seite 22/23)

Anzuchterde: spezielles, nährstoffarmes → Substrat mit guter Struktur und frei von Krankheitskeimen, das sich zum Säen und für → Stecklinge besonders gut eignet

Art: bezeichnet in der botanischen Gliederung des Pflanzenreichs die »Pflanze als solche«; Hoher Phlox (*Phlox paniculata*) und Polsterphlox (*Phlox subulata*) z. B. sind zwei deutlich unterscheidbare Arten der → Gattung *Phlox* oder Flammenblu-

me, von denen es jeweils wieder verschiedene Sorten gibt; die Individuen einer Art stimmen in allen wesentlichen Merkmalen miteinander überein; auch → botanischer Name

Auge: andere Bezeichnung für eine → Knospe

Ausdünnen: das Herausziehen von Sämlingen, die bei Aussat im Beet nach dem Keimen zu eng stehen

Ausläufer: ober- oder unterirdische, meist lange und dünne Seitensprosse, die sich bewurzeln und neue Pflanzen hervorbringen; erwünscht zur Vermehrung (z. B. bei Erdbeeren), oft aber auch lästig wegen allzu starker Ausbreitung der Pflanzen

Ballen: die Erde rund um die Wurzeln, die durch Seitenwurzeln und das Geflecht aus Feinwurzeln zusammengehalten wird

Baum: Gehölz mit deutlich ausgeprägtem Hauptstamm und einer Krone, die sich aus Ästen und deren Verzweigungen aufbaut

Beerenzapfen: die beerenähnliche Frucht des Wacholders, die wie bei anderen Nadelgehölzen eigentlich ein Zapfen ist und aus fleischigen Zapfenschuppen gebildet wird

Beetstaude: reich und recht lange blühende → Staude, die sich gut für die gemischte Bepflanzung von Beeten und Rabatten eignet

Blattachsel: die Stelle, an der das Blatt bzw. der Blattstiel am Trieb ansitzt; in der geschützten Achsel zwischen Trieb und Blattstiel werden meist die Seitenknospen angelegt, aus denen Seitentriebe entstehen

botanischer Name: dieser wissenschaftliche Pflanzenname setzt sich aus dem großgeschriebenen Gattungsnamen (z. B. *Bellis*) und dem kleingeschriebenen Artnamen (z. B. *perennis*) zusammen; der botanische Name *Bellis perennis* etwa benennt international verständlich und zweifelsfrei das Gänseblümchen oder Tausendschön, das umgangssprachlich noch viele weitere Bezeichnungen wie etwa Maßliebchen trägt

Brutknöllchen: Tochterknolle, die sich z. B. bei Krokussen an der Basis der Hauptknolle bildet und zur Vermehrung abgelöst werden kann

Containerpflanze: besondere Angebotsform bei Gehölz- und Stauden-Jungpflanzen (Seite 19); solche im Topf angezogenen Pflanzen haben einen kompakten, gut durchwurzelten Ballen und lassen sich fast das ganze Jahr über pflanzen, auch blühend

Direktsaat: Aussaat direkt aufs Beet; im Gegensatz zur geschützten Anzucht mit späterem Verpflanzen

Dolde: Blütenstand aus mehreren Einzelblüten, deren Blütenstiele an einem Punkt der Hauptachse entspringen und gleich lang sind

durchlässiger Boden: ein Boden, der schon von seiner Struktur her bis in tiefere Schichten recht locker ist, mit hohem Sand- und/oder Humusanteil und ohne Verdichtungen; Wasser erreicht schnell die Wurzeln, Überschusswasser versickert bald

einfach blühend: Blüte mit nur einem Kreis von Blütenblättern, der die Staubblätter und Stempel umhüllt, wie z. B. bei Wildrosen

einjährige Pflanze: kommt im Jahr der Aussaat zur Blüte und, soweit zur Befruchtung fähig, zur Frucht- und Samenbildung; danach stirbt sie ab und muss im nächsten Jahr wieder neu gesät und gepflanzt werden; hierzu zählen neben vielen → Sommerblumen die meisten Gemüse sowie einige Kräuter

Flachwurzler: Pflanzen, deren Wurzeln sich recht nah unter der Erdoberfläche ausbreiten; Rasengräser, Zwiebeln und viele Polsterstauden wurzeln nur flach; bei den Gehölzen zählen z. B. Johannis- und Stachelbeersträucher, Birke, Fichte, Tanne, Magnolie, Felsenbirne und Berberitze zu den Flachwurzlern; man darf hier den Boden nur vorsichtig lockern; Mulchen ist sehr vorteilhaft, ein Stützpfahl besonders wichtig

Flor: Blüte, Gesamtheit der Blüten

Folgesaat: mehrmaliges Nachsäen von Gemüsen und Kräutern, im Abstand von einigen Wochen und in kleineren Mengen; empfehlenswert z. B. bei Radieschen, Salat, Spinat und anderen Pflanzen mit kurzer Kulturdauer

frischer Boden: ein Boden, der gut Wasser speichert, aber nicht zum Vernässen neigt: die Oberfläche trocknet bald ab, wenn kein Wassernachschub kommt

Fruchtmumie: vertrocknete, eingeschrumpfte, braunschwarze Frucht beim Stein- und Kernobst, verursacht durch die Pilzkrankheit *Monilia*

Gattung: in der botanischen Gliederung des Pflanzenreichs eine Gruppe von → Arten mit einer Reihe von gemeinsamen Merkmalen

gefüllt blühend: Blüte mit mehreren Blütenblattkreisen; anders als bei einfach blühenden Pflanzen kommen nach innen weitere Blütenblattkreise hinzu, z. B. bei Edelrosen oder Tagetes; je nach deren Anzahl wirken die Blüten halb oder ganz gefüllt und dadurch mehr oder weniger üppig

Grundsteckling: ein → Steckling, der von der Triebbasis einer Pflanze geschnitten wird

Halbschatten: kennzeichnet einen Pflanzenstandort, der entweder etwa die Hälfte des Tages im Schatten liegt oder ganztägig leicht beschattet ist

Halbstrauch: mehrjährige Pflanze, bei der die Sprossbasis mit der Zeit verholzt, die oberen Sprossteile dagegen krautig bleiben, z. B. Lavendel oder Himbeere

humoser Boden: ein Boden, der reichlich Humus (Seite 118/119) enthält und dadurch fruchtbar und locker ist. Obwohl der Humusgehalt eines solchen Bodens nur bei 2–4 % liegt, reicht dieser Anteil aus. um seine positive Wirkung zu entfalten

Hybride: Kreuzung aus zwei oder mehr → Arten, die die Vorzüge ihrer unterschiedlichen Eltern in sich vereint, z. B. die *Clematis*-Hybriden und die meisten Gartenrosen: solche Hybriden sind wie eigenständige Arten anzusehen; daneben gibt es auch Kreuzungen verschiedener → Sorten, wie die bei einjährigen Blumen und bei Gemüse häufig angebotenen F_1-Hybriden

immergrün: Pflanzen, vor allem Gehölze, die im Gegensatz zu den Laubabwerfenden oder Sommergrünen ihre Blätter rund ums Jahr

behalten, so z. B. die meisten Nadelgehölze oder Buchs; sie erneuern ihr Blattwerk in unauffälligen Schüben

Kaltkeimer: eine Pflanze, deren Samen vorübergehend Kälte oder sogar Frost brauchen, damit sie zum Keimen angeregt werden; recht häufig sind Kaltkeimer unter den Stauden, so etwa Eisenhut, Enzian, Herbstanemone oder Küchenschelle; auch die Samen einiger Gehölze benötigen einen Kältereiz; Kaltkeimer werden meist im November ausgesät, zunächst drinnen warm und feucht gehalten und dann, wenn die Samen quellen, an einen geschützten Platz im Freien gebracht; im Februar kommen sie an einen mäßig warmen, hellen Platz im Haus oder Frühbeet, wo sie schließlich auskeimen

Kernobst: Obstarten mit Kerngehäuse, also Apfel, Birne und Quitte

Knospe: von Hüllblättern (Knospenschuppen) geschützter Wachstumspunkt, auch Auge genannt; beim Austrieb entstehen daraus Seitensprosse, Blüten oder Blätter

Kopfsteckling: ein → Steckling, der von der Triebspitze einer Pflanze geschnitten wird

Krume: die oberste, durch ihren Humusgehalt dunkel gefärbte Bodenschicht

leichter Boden: ein Boden mit hohem Sandanteil, der locker und leicht zu bearbeiten ist, aber Wasser und Nährstoffe nur schlecht speichert

Leitstaude: in gemischten Staudenpflanzungen eine dominierende Art, die meist hoch wächst und besonders prächtig sowie lange blüht

Lichtkeimer: eine Pflanze, deren Samen Licht zum Keimen brauchen; sie werden deshalb gar nicht oder nur sehr dünn mit Erde abgedeckt

Mulchen: Bodenbedeckung mit organischem Material (Seite 73); hemmt Verdunstung und Unkrautaufwuchs, fördert die Humusbildung, schützt über Winter

neutraler Boden: ein Boden mit mittlerem → pH-Wert von 7, weder sauer noch alkalisch, für viele Pflanzen gut geeignet

Pfahlwurzel: eine kräftige Hauptwurzel, die senkrecht nach unten wächst; Pflanzen mit Pfahlwurzel lassen sich oft schlecht umsetzen

pH-Wert: Kennzahl für den Säuregrad von Boden oder Wasser; ein pH-Wert von 7 bedeutet neutral, Werte darunter geben saures Milieu an, Werte über 7 (bis 14) bedeuten basisch oder alkalisch (Seite 119)

Pikieren: Auseinanderpflanzen bzw. Ausdünnen von heranwachsenden Sämlingen, die in einem Anzuchtgefäß zu eng stehen (Seite 23)

Pollenspender: bei Obstbäumen eine → Sorte, die sich gut eignet, um die Blüten einer anderen Sorte zu bestäuben; manche Obstarten wie Apfel, Birne oder Süßkirsche sind selbstunfruchtbar, d. h., der Pollen einer Sorte kann die eigenen Blüten nicht erfolgreich befruchten; wenn kein passender Pollenspender mit derselben Blütezeit in der Umgebung wächst, muss ein zweiter Baum gepflanzt werden

Polsterstaude: eine → Staude mit niedrigem, breit polster- oder kissenartigem Wuchs, z. B. Blaukissen

Prachtstaude: eine züchterisch stark bearbeitete → Staude, die besonders üppig und auffällig blüht

Rabatte: schmale, lang gezogene, oft einseitig begrenzte Pflanzfläche

Rankpflanze: Kletterpflanze, die sich mit Blatt- oder Sprossranken an Quer- wie Längsstreben festhalten kann, z. B. Waldrebe oder Erbse

reifer Kompost: völlig in Erde umgewandelter Kompost, der nach Waldboden duftet und für Pflanzen gut verträglich ist (Seite 92/93)

resistent: widerstandsfähig; resistente → Sorten sind Züchtungen, die von bestimmten Krankheiten oder Schädlingen nicht befallen werden, z. B. mehltauresistente Rosen oder schorfresistente Apfelsorten

Rhizom: unterirdische, zumeist fleischig verdickte und gestauchte Sprossachse, auch Wurzelstock genannt; dient vielen → Stauden als Überdauerungsorgan

Rispe: Blütenstand, bei dem mehrere verzweigte Nebenachsen entlang einer Hauptachse stehen; alle Nebenachsen und Verzweigungen tragen Einzelblüten

Sämling: aus einem Samen gekeimte Pflanze, die über den einfach gestalteten Keimblättern die ersten richtigen Laubblätter gebildet hat

saurer Boden: ein Boden mit niedrigem → pH-Wert, in der Regel kalkarm oder -frei

»Schießen«: vorzeitiges bzw. unerwünschtes Austreiben eines Blütenstands bei Gemüse, z. B. bei Kopfsalat; das Erntegut, also je nach Pflanze Blätter, Wurzeln oder Knollen, schmeckt danach nicht mehr

Schlingpflanze: Kletterpflanze, die sich an senkrechten Stützen hochschlingt, indem sie diese mit ihren langen Trieben umwindet z. B. Pfeifenwinde und Schlingknöterich

schwerer Boden: ein Boden mit hohem Tonanteil, der zum Verdichten neigt und schwer zu bearbeiten ist; er speichert Wasser und Nährstoffe gut, aber teils so fest, dass sie nicht für die Wurzeln verfügbar sind (Seite 118/119)

Solitär: eine auffällige, meist groß- und/oder breitwüchsige Pflanze, die am besten in Einzelstellung platziert wird, also ohne gleichrangige Nachbarn, die sie bedrängen oder ihr die Schau stehlen; von Solitären spricht man vor allem bei Gehölzen, es gibt aber auch stattliche Solitärstauden und Solitärgräser

Sommerblume: kurzlebiger Blüher, der nur eine Vegetationsperiode überdauert, als → einjährige oder → zweijährige Pflanze, außerdem zählt man mehrjährige Blumen aus wärmeren Regionen dazu, die bei uns nicht winterhart sind

sommergrün: andere Bezeichnung für Laub abwerfend; dies im Gegensatz zu → immergrünen Gehölzen

Sorte: spezielle Züchtung einer → Art mit besonderen Eigenschaften; Sorten können sich z. B. in der Blüten- oder Fruchtfarbe und -größe unterscheiden, in der Belaubung, in Wuchshöhe und -form, teils sogar in ihren Standortansprüchen

Spalier: der Begriff bezeichnet zum einen ein flaches Gerüst, das z. B. als Kletterhilfe für Pflanzen genutzt wird; zum andern versteht man unter Spalier eine bestimmte Erziehungsform, besonders bei Obstgehölzen, bei der man die Triebe nur nach zwei Seiten wachsen lässt; so kann man z. B. Birnen Platz sparend an einer wärmenden Hauswand hochziehen

Spreizklimmer: Kletterpflanze, die sich mit langen Trieben in die Höhe schiebt und mit Stacheln, Dornen o. ä. Pflanzenteilen an einer rauen Unterlage festhält, z. B. Kletterrose und Winterjasmin

ssp.: auch subsp.; im → botanischen Namen Abkürzung für Subspezies, zu Deutsch: Unterart

Staude: mehrjährige, krautige (nicht verholzende) Pflanze; Dank ausdauernder Wurzeln oder → Rhizome treiben Stauden nach einer – meist winterlichen – Ruhepause immer wieder neu aus; auch Zwiebel- und Knollenblumen zählen im botanischen Sinn zu den Stauden

Staunässe: Zustand, bei dem der Boden mit Wasser gesättigt oder gar »übersättigt« ist; sehr gefährlich für Wurzeln sowie Zwiebeln und Knollen; zu Staunässe neigen Tonböden sowie Böden mit undurchlässigem Untergrund

Steckling: Triebteil, der sich nach Abschneiden von der Mutterpflanze bewurzelt und zu einer kompletten neuen Pflanze heranwächst (Seite 24)

Steinobst: Obstarten, die Früchte mit Steinkernen hervorbringen, wie etwa Pflaume, Kirsche oder Pfirsich

Strauch: ein Gehölz mit mehreren gleichrangigen Ästen, die der Basis entspringen; anders als beim Baum ohne Hauptstamm und keine deutlich abgesetzte Krone

Substrat: Mischung aus Torf, Ton, Humus- oder Torfersatzstoffen, die als Anzucht- oder Pflanzerde Verwendung findet

Teilung: Vermehrungsmethode, vor allem für → Stauden, bei der man die Pflanze in Teilstücke zertrennt und diese neu einpflanzt (Seite 25)

Traube: Blütenstand, bei dem gestielte Einzelblüten an einer unverzweigten Achse stehen

Triebsteckling: ein → Steckling, der aus der Mitte eines Triebs geschnitten wird

Trugdolde: Blütenstand, der wie eine → Dolde wirkt, sich aber mit verschieden langen Stielen und Nebenachsen aufbaut, die in unterschiedlicher Höhe ansetzen

var.: im → botanischen Namen Abkürzung für eine Varietät, d. h. eine spezielle Ausprägung der Art

Veredlung: die meisten Obstbäume und Rosen sowie manche andere Ziergehölze werden veredelt; ein veredeltes Gehölz besteht aus zwei verschiedenen Pflanzen, die miteinander verwachsen sind; die Unterlage, oft eine robuste Wildart, steuert Wurzeln und Stammbasis bei; darauf wird ein Reis (junger Trieb) oder → Auge der gewünschten Zuchtform (Edelsorte) eingesetzt, das dann mit der Unterlage verwächst; die Veredlungstelle bleibt später meist als leichte Verdickung erkennbar

Vereinzeln: anderer Ausdruck für → Ausdünnen

Vermehrungssubstrat: andere Bezeichnung für → Anzuchterde

Vorziehen: anderer Ausdruck für → Anzucht

wintergrün: Pflanzen, die ihr Laub über Winter behalten und im Frühjahr abwerfen; bei großer Kälte fallen die Blätter teils schon früher ab

Wurzelhals: Übergangsstelle zwischen Wurzel und Spross

Wurzelnematoden: Nematoden, auch Älchen oder Fadenwürmer genannt, sind winzige Tiere, die teils harmlos oder nützlich im Boden leben, teils aber auch Pflanzen befallen; Wurzelnematoden verursachen Missbildungen an den Pflanzenwurzeln und führen oft zu Kümmerwuchs oder sogar zum Absterben ganzer Pflanzen; sie sind ausdauernd und können Böden regelrecht »verseuchen«, so dass lange Anbaupausen für anfällige Pflanzen erforderlich werden

Wurzelschnittling: Teilstück der Wurzel oder eines Rhizoms, das wie ein Steckling zur Vermehrung von Stauden oder Gehölzen verwendet wird; man schneidet die Wurzelstücke im Spätherbst oder Winter, 4–8 cm lang, und steckt sie nach dem Entfernen von Seitenwurzeln so in Vermehrungserde, dass der obere Teil mit der Substratoberfläche abschließt

zweijährige Pflanze: wird meist im Sommer gesät, blüht nach Überwinterung im darauf folgenden Jahr und stirbt danach ab, z. B. Stiefmütterchen, Tausendschön oder Petersilie

Hilfreiche Adressen und Literatur

Hilfe und Anregungen bei gärtnerischen Problemen bieten Organisationen, Verbände und Fachbetriebe sowie Bücher und Zeitschriften. Legen Sie bei schriftlichen Anfragen am besten einen frankierten Rückumschlag bei.

Organisationen und Verbände:

Ämter und Verbände sind oft nach Bundesländern organisiert. Adressen können Sie bei Dach- und Zentralverbänden erfragen oder auch über Suchmaschinen im Internet finden.

Pflanzenschutzämter der Länder
Bieten auch Hobbygärtnern Beratung bei Pflanzenschutzproblemen.

Landwirtschaftskammern der Länder
Bieten oft auch Beratung für Hobbygärtner und können z. B. bei Bodenuntersuchungen weiterhelfen.

Verband der Landwirtschafts-kammern e. V.
Godesberger Allee 142-148
53175 Bonn
www.landwirtschaftskammern.de

Zentralverband Gartenbau
Godesberger Allee 142-148
53175 Bonn
www.g-net.de

Bund Deutscher Baumschulen
Bismarckstraße 49
D-25421 Pinneberg
www.bund-deutscher-baumschulen.de

Bundesverband Garten-, Landschafts-und Sportplatzbau e. V.
Alexander-von-Humboldt-Straße 4
53604 Bad Honnef
www.galabau.de

Samen- und Pflanzenversand:

Ahrens + Sieberz GmbH & Co. KG
Hauptstraße 440
53718 Siegburg-Seligenthal
www.ahrens-sieberz.de

Bakker
Kremerbergweg 1
22922 Ahrensburg
www.bakker-gartencenter.de

Baldur-Garten GmbH
Elbinger Straße 12
64625 Bensheim
www.baldur-garten.de

Dehner GmbH & Co. KG
Donauwörther Straße 5
86641 Rain am Lech
www.dehner.de

Gärtner Pötschke GmbH
Beuthener Straße 4
41564 Kaarst
www.gaertner-poetschke.de

Gärtnerei Naturwuchs
Bardenhorst 15
33739 Bielefeld
www.naturwuchs.de

Quedlinburger Saatgut GmbH
Neuer Weg 21
06484 Quedlinburg
www.quedlinburger-saatgut.de

Samenshop 24
Kiepenkerl-Fachversand
Kirchdorferstraße 177
26605 Aurich
www.samenshop24.de/store

Sperli/Carl Sperling & Co.
Hamburger Straße 35
21339 Lüneburg
www.sperli-samen.de

Zubehör:

Gardena AG
Hans-Lorenser-Straße 40
89079 Ulm
www.gardena.com
(Gartengeräte, praktische Gießhilfen)

W. Neudorff GmbH KG
An der Mühle 3
31860 Emmerthal
www.neudorff.de
(umweltfreundliches Zubehör, Dünger, Pflanzenschutz)

Westfalia Werkzeugco. GmbH
Werkzeugstraße 1
58093 Hagen
Tel.: 0180-530 31 32
www.westfalia.de/shops/garten
(vielerlei praktisches Zubehör)

Weiterführende Literatur:

Haas, Hansjörg: *Pflanzenschnitt für Einsteiger*. Gräfe und Unzer Verlag, München

Hensel, Wolfgang: *Gartenpraxis*. Gräfe und Unzer Verlag, München

Herr, Esther: *Blühender Garten üppig & ganzjährig attraktiv*. Gräfe und Unzer Verlag, München

Hudak, Renate: *Obst, Gemüse & Kräuter*. Gräfe und Unzer Verlag, München

Maier, Hans-Peter: *Pflanzen vermehren schnell & einfach*. Gräfe und Unzer Verlag, München

Mayer, Joachim u. a.: *Das Große Gartenlexikon*. Ulmer Verlag, Stuttgart

Artenregister

Der Autor

Joachim Mayer ist Garten- und Natur-
journalist. Als freier Autor hat er zahlreiche Gartenbücher verfasst, darunter
auch mehrere Bücher im Verlag Gräfe
und Unzer. Sein fundiertes Wissen über
Gartenpraxis und Pflanzen verdankt er
seiner langjährigen Tätigkeit als Gärtner
und seinem Studium der Agrarwissen-
schaften.

Die Fotografen

Angermayer: 135 u.; BKN/Strobel: 125
mi., 150 mi.; Borstell: 17, 29, 46 mi., 47
re., 50 mi., 52 mi., 53 re., 54 mi., 55 re., 56
li., 58 li., 58 mi., 58 re., 59 li., 60 li., 60
mi., 61 li., 61 re., 71, 78, 89, 90, 91, 104
mi., 104 re., 109 li., 110/111, 117, 143, 144
li., 144 mi., 151 li., 152 re., 153 li., 153 re.,
154 mi., 155 li.; Dünemann: 150 re.; Gardena: 21 o.; GBA/Noun: 56 re.; Henseler:
87 mi. o., 87 mi. u., 87 u.; Himmelhuber:
76 o.; Jahreiß: 2/3, 4, 43 o., 99, 127.; Krieg:
45; Laux: 101 re., 107 re., 141 u., 146 li.,
147 mi.; Nickig: 15, 31 u., 46 re., 47 li., 47
mi., 48 li., 48 re., 49 mi., 49 re., 50 li., 50
re., 51 li., 51 re., 52 li., 53 li., 53 mi., 54 li.,
54 re., 59 re., 102 li., 102 mi., 103 mi., 103
re., 105 li., 105 re., 106 re., 107 li., 107 mi.,
109 re., 119, 145 re., 146 mi., 146 re., 152
li., 154 li., 154 re., 155 re.; Photo Press: 59
mi.; Redeleit: 10 li., 10 re., 11 li., 11 re., 12
li., 12 re., 13 li., 13 re., 16, 18 li., 18 re., 19
li., 19 mi., 19 re., 20 o., 20 u., 21 mi., 21
u., 22 li., 22 re., 23 li., 23 mi., 24 o., 24 u.,
25 o., 25 mi., 25 u., 26 o., 26 mi. o., 26 mi.
u., 26 u., 27 o., 27 mi. o., 27 mi. u., 27 u.,
30, 32 li., 32 re., 33 li., 33 mi., 33 re., 35 o.,
35 mi., 35 u., 36, 37 li., 37 mi., 37 re., 38
o., 38 u., 39 mi., 39 u., 40 li., 40 re., 41 li.,
41 mi., 41 re., 42, 43 mi., 43 u., 49 li., 55
li., 56 mi., 57 re., 60 re., 64 li., 64 re., 65 li.,
65 re., 66 li., 66 re., 67 li., 67 re., 70, 72, 73
o., 73 mi., 73 u., 74 li., 74 re., 75 li., 75
mi., 75 re., 76 u., 77 o., 77 mi., 77 u., 79
li., 79 mi., 79 re., 80, 81 o., 81 mi., 81 u.,
82 li., 82 re., 83 li., 83 re., 84 li., 84 re., 85
li., 85 mi., 85 re., 92, 93 o., 93 mi., 93 u.,
94, 95 mi., 95 re., 96 o., 96 u., 97 o., 97
mi., 97 u., 103 li., 104 li., 112 li., 112 re.,
113 li., 113 re., 114 li., 114 re., 115 li., 115
re., 118, 120 li., 120 re., 121 li., 121 mi.,
121 re., 122, 123 o., 123 mi., 123 o., 124
o., 124 u., 125 u., 128, 129, 130, 131 li.,
131 mi., 131 re., 132 o., 132 u., 133 o., 133
mi., 133 u., 134, 135 o., 136 li., 136 re.,
137 li., 137 mi., 137 re., 138 o., 138 u., 139
o., 139 mi., 140 o., 140 mi. o., 140 mi. u.,
141 o., 141 mi. o., 141 mi. u., 148 mi., 148

re., 149 li.; Reinhard: 6, 34, 57 li., 57 mi.,
69, 86 o., 86 mi. o., 86 u., 95 li., 100 mi.,
101 li., 102 re., 106 li., 106 mi., 108 mi.,
108 re., 135mi, 139 u., 140 u., 148 li., 149
re., 151 re.; Sammer: 86 mi. u., 125 o.;
Schneider/Will: 8/9, 52 re., 62, 150 li., 151
mi., 152 mi.; Schönfelder: 46 li.; Stork: 23
re., 39 o.; Strauß: 48 mi., 87 o., 100 li., 100
re., 108 li., 144 re., 145 li., 147 li., 147 re.;

Fotos Cover und Rückseite:
Cover: Corbis/Graig Tuttle
Rückseite: Redeleit

Impressum

© 2005 GRÄFE UND UNZER VERLAG
GmbH, München
Alle Rechte vorbehalten. Nachdruck,
auch auszugsweise, sowie Verbreitung
durch Film, Funk, Fernsehen und Internet, durch fotomechanische Wiedergabe,
Tonträger und Datenverarbeitungssyste-
me jeder Art nur mit schriftlicher Geneh-
migung des Verlags.

Programmleitung: Steffen Haselbach
Leitende Redaktion: Anita Zellner
Redaktion: Michael Eppinger
Lektorat: Sonnhild Bischoff
Bildredaktion: Silvia Ebbinghaus
Umschlaggestaltung und Layout:
independent Medien-Design, München
Produktion: Bettina Häfele
Satz: Bernd Walser Buchproduktion,
München
Reproduktion: Fotolito Longo, Bozen
Druck: Appl, Wemding
Bindung: Oldenbourg Buchmanufaktur,
Monheim
Printed in Germany

ISBN (10)   3-7742-6683-2
ISBN (13)   978-3-7742-6683-4

Auflage	4	3	2	1
Jahr	2008	2007	2006	2005

Das Original mit Garantie

Ihre Meinung ist uns wichtig.
Deshalb möchten wir Ihre Kritik, gerne
aber auch Ihr Lob erfahren. Um als füh-
render Ratgeberverlag für Sie noch besser
zu werden. Darum: Schreiben Sie uns!
Wir freuen uns auf Ihre Post und
wünschen Ihnen viel Spaß mit Ihrem
GU-Ratgeber.

Unsere Garantie:

Sollte ein GU-Ratgeber einmal nicht Ihren Vorstellungen entsprechen und einen
Fehler enthalten, schicken Sie uns bitte
das Buch mit einem kleinen Hinweis und
der Quittung innerhalb von sechs Monaten nach dem Kauf zurück. Wir tauschen
Ihnen den GU-Ratgeber gegen einen anderen zum gleichen oder ähnlichen
Thema um.

GRÄFE UND UNZER VERLAG
Redaktion Haus und Garten
Stichwort: Gartenjahr
Postfach 86 03 66
D-81630 München
Fax: 089/41981-113
e-mail: leserservice@
graefe-und-unzer.de

GRÄFE
UND
UNZER

Ein Unternehmen der
GANSKE VERLAGSGRUPPE

GU GARTENSPASS

Schritt für Schritt zum grünen Paradies

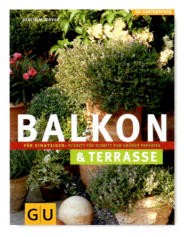

ISBN (10)   3-7742-6681-6
ISBN (13) 978-3-7742-6681-0
168 Seiten | € 16,90 [D]

ISBN (10)   3-7742-6680-8
ISBN (13) 978-3-7742-6680-3
168 Seiten | € 16,90 [D]

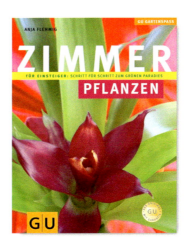

ISBN (10)   3-7742-6683-2
ISBN (13) 978-3-7742-6683-4
168 Seiten | € 16,90 [D]

ISBN (10)   3-7742-6682-4
ISBN (13) 978-3-7742-6682-7
168 Seiten | € 16,90 [D]

*Das Erfolgsprogramm von GU für alle Einsteiger, die schnell und leicht ihre Pflanzenträume
im Garten, auf Balkon und Terrasse oder im Zimmer verwirklichen wollen.*

WEITERE TITEL ZUM THEMA GARTEN BEI GU:

➤ Gartenblumen
➤ Balkon & Kübelpflanzen
➤ Gartenteiche
➤ Kräutergarten

Willkommen im Leben.